Great Bible Truths
For Human Problems
by Joseph Murphy

マーフィー

欲望が100%かなう一番の方法

あなたは眠りながら成功できる

ジョセフ・マーフィー
マーフィー"無限の力"研究会＝訳

三笠書房

はじめに

◎あなたもこの「奇跡」を自分のものにできる
成功と幸運が、確実にあなたの〝習慣〟になります！

あなたがいま、心の底から望んでいるのはどんな人生でしょうか？

何の心配もなく、自分の欲しいものが買えるような生活？　それとも、社会的に認められ、誰もがあなたを称賛するような暮らしでしょうか？

ただ家族の皆が健康で、愛情豊かに暮らせれば満足でしょうか？

多くの人が、「こうなりたい」という理想の生活を思い描きながらも、さまざまな理由から、思いどおりにならない日々を余儀なくされています。しかし、そうした中でも、自分が願ったとおりの人生を生き、それどころか、幸運がますます拡大している人もいるのです。

目を見開き、社会を見渡すと、あなたが望んでいるとおりの人生をすでに手に入れている人が、驚くほどたくさんいることに気づきます。

一方で、ああはなりたくないものだと思うような、みじめで気の毒な人生にすっぽりつかってしまい、どろ沼のような現状から抜け出せずにもがいている人もいます。

一見したところ、その両者には、天と地ほどの違いがあるように思えます。ところが、両者を分けるのは、ほんの微妙な一点でしかないのです。さらにいえば、あなたも、そのどちらにもなる可能性を十分に持っています。

輝くような人生と、苦痛でみじめな人生を分けるのは、あなたが本当にそうなりたいと心底願っているかどうか。この一点です。

心の底から願うこと、潜在意識で強く願うことが人生を大きく変えていく、ということを見いだしたのがマーフィーです。そして、マーフィーの理論は、日本を含めて全世界の成功者、自己実現者によって実証されている「科学」なのです。

本文の中に、さまざまな分野の成功者、自己実現者の実例がつぎつぎに登場しますが、それらの人たちも、かつてはあなたのように悩み、苦しんだ人たちです。そんな人たちがマーフィー理論をどのように応用し、実践したかを、そのまま自分にあてはめ、真似してみてください。驚くべき奇跡が、現実にあなた自身に起こるはずです。

ところでマーフィー以前にも、精神科医のフロイトが、人の心には、自分では意識していない潜在意識があることを明らかにしています。マーフィーは、フロイトの精神分析をとことん研究した結果、人の進む方向やいまあるあり方に決定的な影響を与えているのは、あなたがこうありたいと願っている表面的に表れた意識ではなく、自分でも気づいていないことがある、意識下のもう一つの意識、潜在意識であることに気づいた人です。

本当にそうなりたいと思うことがあるなら、潜在意識にそれを植えつけ、心底それを願うことです。そうすれば、その思いは必ず現実のものになります。

成功者といわれる人に共通しているのは、前向きであること、明るいこと、それ以上に、何よりも自分の願いに率直で真剣であることです。

「こんなことを願っても、どうせムリだろうから……」

「半分はあきらめているけど、できればそうなりたい……」

というような、いい加減な気持ちではないのです。

健康、愛情、お金、成功……。人生の欲しいものはすべて、ただ、純粋に、心の底の底から、つまり、潜在意識でそう願っていればいいのです。汗水たらして働いたり、寝る間も惜しんで努力する必要はありません。そうすることを苦痛に感じているのに、歯を食いしばってがんばることは、かえって逆効果にさえなります。

ただ、願う。潜在意識で強く願う。そうしていれば、欲しいものは、潮が満ちてくるように、ある日、必ず手に入ります。

マーフィーの考え方には、人がこの世に生きていくうえでの真理が、静かに、力強く、豊かにあふれています。

誰の人生でもない、自分の人生です。本当に、自分が願っているとおりの人生を生きたいものです。マーフィーの哲学を知り、それを実行すれば、誰でも、自分が願ったとおりの、完全で欠けたもののない人生を送れるのです。

この本で、そのための〝鍵〟を見つけてください。

マーフィー〝無限の力〟研究会

マーフィー
欲望が100％かなう一番の方法

目　次

第1章

今日、あなたはこの「不思議な力」を自分のものにする！

第2章

この「想像力」を毎日の習慣にする大効果！

第3章

必ずなんとかなる！
――「あきらめの人生」を逆転させる力

第4章

ベストパートナーと「最高の関係」をつくる黄金ルール

第5章

この「金庫の開け方」さえ知れば、富はいくらでも手に入る！

第6章

これが成功するための約束事！
――マーフィー「六つの経験法則」

第7章

もっと健康で快適な人生を！
――自然治癒力を増強する「マーフィー」の魔術

第8章

この〝重荷〟さえなければ……
――ストレスを〝善玉〟に変える、うまい方法

第9章　大事なところで、いつも「賢い選択」をする法

第10章 自分が「生まれ変わる」ことを喜べ！

——宇宙の全エネルギーが自分に向かって流れる

第11章

運が味方する「バランスのとれた一日」の生き方

本文デザイン：坂川朱音

第1章

今日、あなたはこの「不思議な力」を自分のものにする！

人生の最善のことを要求すること。
そうすれば、その最善があなたにやってくる。
無限の力と富があなたとともにあることに
気づくこと。それはけっしてあなたを
裏切ることはないし、けっして変わることもない。

マーフィー効果——たった三カ月で人はここまで変わる!

最初に、ある男性の例を紹介しましょう。

私の特別講習にときどき参加していた、あるビジネスマンの話です。彼はこのところ仕事がパッとせず、収入も少なくなり、しだいに自己嫌悪、そして、同僚やライバルに対する劣等感にさいなまれていました。

私は、彼にこう勧めました。毎日、次のように自分に向かって宣誓するのです。

「私はすばらしい力の持ち主です。私の努力はことごとく報われ、大きな成功を収めます。売り上げは日ごとに、目ざましく伸びています。お客さまをお訪ねするとき、私はいつも心の中でこう願います。今日も、思ったとおりの結果がもたらされますように」

言葉を声に出していうと、言葉の思いを強めることができるのです。彼は朝晩、この言葉を声に出していいました。朝晩、三、四回ずつ、繰り返していいながら、「必ずそうなる。願いは実現する」と、この言葉を心の底から力強く肯定するようにしました。

三カ月で、彼の人生はガラリと変わりました。顧客との間にすばらしい信頼関係が生まれ、売り上げは伸び、同僚、ライバルに対する劣等感もすっかり消えてしまいました。

彼は、自分の内奥《ないおう》に無限の力が潜んでいることに気づいたのです。さらに、潜在意識は、自分が心から信じたことを受け入れることも知りました。潜在意識は、その人の心が確信していること、その人が強く考え信じていることを、そのまま受け入れるのです。

さらに彼は、潜在意識に積極的に働きかけ、その力を現実レベルに引き出し、現実のものにする術《すべ》を身につけました。

いまや彼はさらに進化し、毎日、こう言葉に出して宣言しています。

「潜在意識の力を引き出せば、自分にできないことはない」

劣等感や拒絶感でがんじがらめになっている人は、自分の内奥に潜んでいる無限の力を生かす方法を知らないのです。自分自身が持っている、この計り知れない能力に気がつかず、みすみすばらしい可能性を自ら閉ざしてしまっているのです。

いまやビジネス界で彼の快進撃ぶりを知らない人はありません。またたく間に、その地域一の成績を上げるようになり、むろん、収入もうなぎのぼりです。

あまりに欲深い!?
――でも「潜在意識」はいつもあなたに忠実です

こんな例もあります。

ある女性から、欲しいもののリストを見せられたことがあります。それには、「車、友だち、お金、結婚、新しいマンション……」などと、たくさんの項目が書き連ねられていました。

「あまりに欲深い……」

ふつうなら、こういうでしょう。でも、私は彼女に、それらのすべてを一度に求めるように、強く勧めたのです。そして、実際にそれらを一度に手に入れる方法も教えました。

その方法とは？

毎日、「私の人生はすばらしい！」といいきるだけです。この言葉を一日中、何度も口にするのです。彼女は、実際には、「私の人生はすばらしい！」と歌うようにいいつづけていました。

彼女のよいところは、素直にこの方法を受け入れ、「何が『すばらしい』の？」と私に問うこともしませんでした。いわれたとおり、何の疑いも持たず、「すばらしい」「すばらしい」と歌いつづけました。やがて、一日に五、六度歌うだけで、一日中、心が恍惚となり、すばらしく幸せな気持ちで過ごせるようになりました。

もちろん、はじめのうちは何の結果も期待しませんでした。

こうして気持ちを新たに、幸せを迎える習慣を身につけたところ、すばらしい展開を迎えることになったのです。

ある日、上司が彼女にプロポーズしたのです。その上司はビジネス界でも名のあるエグゼクティブ（経営幹部）で、名声、富、栄誉……、およそ人が憧れるものをすべて持っている人です。彼女は、ずっと前から上司に深い愛情を抱いていましたが、自分が彼の愛の対象になることなどあり得ないと思い込み、その気持ちをじっと抑え込んでいました。

上司も、以前から彼女に関心を向けていましたが、最近、彼女の奥深いところから曙光《しょこう》のような輝きが静かに放たれていることに気づくようになり、それに気づいてからは、彼女をどうしても失いたくないと思うようになったのです。

こうして、彼女は「車、友だち、お金、結婚、新しいマンション……」と、以前、書き連ねていた欲しいものリストのすべてを手に入れることになったのです。それも、すべて最上のランクのものばかり……。

彼女の人生は、何もかもが魔法のように変わったのです。夢はすべてかないました。「すばらしい」という言葉を使って祈っているうちに、本当にすべてをすばらしく変えることができたのです。

突然、正解がクリアに見えた！
——ある医学生の「卒業試験」突破法

若い医学生から聞いた話です。彼が医師免許の試験を受けていたときのことです。薬物学の試験でかつて見たこともないほど難しい問題が出題されました。このとき、彼は自分に向かって、「落ち着け、落ち着け」といいました。数分間待ってから、また、こう繰り返す。これを何度もゆっくり繰り返した後、今度は心の中でこうつぶやきました。

「自分はこの問題の答えを知っている。だから、必ず解答できる」

そうつぶやくと、彼はとりあえず、他の簡単な問題から解きはじめました。すると、ほどなく、その難問の解答があざやかに頭に浮かんできました。しかも、まるで教科書を開いているように、明快に、図式化された完全な解答が脳裏にくっきり浮かび上がったのです。

この医学生は、潜在意識と潜在能力の仕組みを知っていたわけではなかったのですが、知らず知らずに自分が最高の力を発揮できる方法を実行していたのです。

彼は最初に、自分の意識をリラックスさせました。そのおかげで、潜在意識が解答を与えてくれたのです。彼がすばらしい成績で医師免許を得たことはいうまでもありません。

とにかく実際に「口に出す」——それがあなたの熱意を本物にする!

なぜ、彼らは自分が願ったとおりの結果を手に入れることができたのでしょうか。

三人とも、何も考えず、逆にいえば、何一つ疑うことなく、自分の願望を、素直に、ありのままに口にしていたからです。

口にしているうちに、その願いは潜在意識に深く植えつけられ、やがて潜在意識はその思いを実現するように働きはじめるのです。**潜在意識は、無限の力を持っています。その力を信頼すれば、どんな願いも現実化します。そう確信を持ってください。**

そうすれば、必ずあなたの人生に奇跡が起こります。

潜在意識には、無限の英知、無限の力、そして必要なものすべてを得ることのできる無限の源があります。そして、その源は、あなたがそれを開発し、実現してくれることを待ち望んでいます。

まず、あなたの心の深層にあるこうした力を認識してください。そうすれば、その力は現実の形となって表れるようになります。

あなたの心が開かれ、さらに何でも受け入れる受容性に満ちていれば、あなたの潜在意識の中にある無限の知性は、あなたの知る必要のあるものは何でも、どんなときでも、またどんな場所でも知らせてくれます。あなたは、新しい発見をしたり、時代を変えるようなひらめきや理想を受け取ることができるのです。また、その知性は、あらゆるものについて広大な範囲の知識をあなたに与えます。

潜在意識の直感的な力をとおして、あなたは理想的な友人や、仕事にふさわしいパートナーや仲間とも知り合うことができます。

あなたの潜在意識の英知は、あなたの不動産、家屋など、何であれ、あなたが売りたいと思っているものがあれば、適当な買い手を見つけてくれます。あなたがしたいことができ、望みどおりのことができるだけの経済的自由をもたらす富を生み出し、あなたに与えてくれます。

現在、頭を悩ませている問題に対する解答も、潜在意識の中に見いだせます。困惑した心や傷ついた心を癒すこともできます。潜在意識には、かぎりない治癒の力が潜んでいるのです。潜在意識という金鉱と無限の宝庫は、あなたの中にあるのです。

注意! こんな〝ごまかし〟は潜在意識には通用しません

いままで自分の潜在意識の存在について気づいたことがなかったという人は、潜在意識にフタをしたまま生きてきたのです。まず、潜在意識の扉を開き、潜在意識が生き生きと働くようにしなければなりません。

潜在意識の扉を開くための第一歩は、「私は(〜で)ある」と認識することです。あなた自身の存在性を強く意識する……。この意識こそ、すべてを開く扉です。

具体的にいえば、**潜在意識に自分が実現したいと思うイメージを明確に確立して初めて、それを実際に人生に実現できるのです。**

いくら実現したいと望んでも、あなたの内奥でその実現を確信することができていなければ実現できません。確信が持てないまま、本当に自分が願っているわけでもない自分になろうとしても、うまくいくはずはありません。

たとえば、ある人が、いくら自分は偉大な俳優だといい張っても、心の中で「まだ、そうはいいきれない。本当の自信はない」と思う気持ちが少しでもあれば、むしろ、自分で自分を裏切る結果を招きかねません。

偉大な俳優だと主張するなら、心からそう確信していなければ駄目なのです。さらに、偉大な俳優である自分の姿を生き生きと思い描かなければなりません。そのように、言葉で主張しながら、同時に、心でも実感しつづけているうちに、潜在意識の力が後ろ盾になり、本当に偉大な俳優になれるのです。

まず、自分が望んでいる自分になっている状態を実感でとらえ、さらにそれを具体的にイメージできて初めて、自分がなりたいととらえているイメージは現実のものになります。前述したように、あなたが、口では自分は金持ちで裕福だといいながら、実際にはそういいきれないという不安や揺らぎがあれば、絶対に金持ちにはなれません。

あなたの言葉が口先だけのごまかしであれば、その声は潜在意識に届かないのです。

まず大事なのは、潜在能力こそが必要なものすべてを生み出す根源であること、潜在能力の恵みがあなたの人生をよどみなく巡り、流れていること、そして、潜在能力の恵みはつねに豊かにあふれていることを、はっきり確信することです。

この真理を、あなたの顕在意識にしっかり書き込んでください。何度も繰り返し書き込むこと。この心の法則を絶対的に信頼すること、明るい希望を持つことが大切です。同時に、あなたが潜在意識に伝え、刻み込んだことは、やがて凝縮され、十分に混ぜ合わされてあふれ出てくることを理解しましょう。

それが本当の真理であると強く意識し、しばしば言葉にして、実際にいってみることも重要です。

潜在意識が受け入れるのは、あなたが確信していることだけです。あなたが心から信じていることは、潜在意識も受け入れるのです。

ただ宣言するだけでは不十分です。口先で、私は裕福だ、成功している、金持ちだといいながら、その実、潜在意識では欠乏や限界や失敗を案じている人がたくさんいます。顕在意識と潜在意識はつねに同調し、一致していなければなりません。両者が一致したとき、願いはかなえられるのです。

潜在意識のかぎりない力こそ、健康、富、平和など、すべてのただ一つの根源であることを実感するのは、それほど苦労はいらないはずです。そう、根源はただ一つしかないのです。あなたが見るものはすべて、人の心、すなわち潜在意識から生まれたものです。

誰でもこの世に生きていれば潜在意識の無限の力に触れ、その力が現出する答えに巡り合います。潜在意識の無限の力はすべての人の願いに応えます。教養があるか、ないか、そんなことは関係ありません。

無限の力を信じ、明るい希望を持ち、幸せを確信して生きている人が、真の成功者です。

愛や喜び、潜在意識の無限の力がしばしば奇跡をもたらすことを信じることができず、潜在意識が自分の願いに応えてくれるはずなどないと思いながら生きている人は、永遠に人生の成功に導かれることはありません。

最後の〝頼みの綱〟はこのアプローチ法で！

潜在意識の力、いうなれば潜在能力は誰の中にもあります。誰の中にも同じように存在しているのです。

潜在能力は完全であり、それ以上にもそれ以下にもなりません。犯罪者でも、心から生まれ変わりたいと願えば生まれ変われます。彼の心に心底、生まれ変わりたいという願いが満ちあふれ、魂と一体になったとき、新しい人間に生まれ変わるのです。

潜在意識の法則は絶対的なもので、生まれ変わってからは、それまでどんな悪行を働いてきた人間でも、善行だけを行うようにガラリと変わってしまいます。

潜在意識は信念に呼応して働きます。自分はもう駄目だと思い込んでしまえば、その人は、自分を癒す潜在能力にわざわざ背を向けてしまうことになり、治る病気も治らなくなってしまいます。

自分は絶望的な状況にあると思い込んでいるかぎり、潜在能力がどんなに力を発揮しようとしても、その力をかたくなに封じ込んでしまっていることになり、潜在能力は実際には何ら成果を生み出せません。

どんな人でも、正しい方法で、正しいことを願望している人に対しては、潜在意識は偉大な力を発揮します。

こんな例もあります。

少し前のことです。私が、ロードアイランドで講演をしたとき、ある男性からこんな相談を受けました。

彼は離婚し、息子は先妻と暮らしています。ところが、先妻が息子に自分の悪口ばかり吹き込んでいるようで、息子に会いに行っても、息子は隣の家に逃げて行ってしまい、彼に会おうともしないのです。息子は新しい学校になじめず、こうなった原因は父親にあると考えており、これも父親を憎む原因の一つになっていました。

彼は養育権を取り戻そうと、裁判所に訴えを起こしました。しかし、彼の願いは認められませんでした。子供を取り戻す代わりに、先妻に多額の慰謝料を支払うという申し出もしましたが、これも拒絶されてしまいました。

「何としても息子を取り戻したい……。いったい、どうしたらいいだろうか」

これが、彼の相談の主旨でした。

私は彼に、法的な解決もできず、どうしても先妻の同意を得られないなら、自分の潜在能力にアプローチする方法があると勧めました。

具体的には、彼に、次のように強く願望するように、とアドバイスしたのです。

「私の先妻の魂は、つねに愛で満たされています」

彼女のことが頭に浮かんだときは、すぐに「私はあなたを解放します」と声に出していうことも勧めました。

息子のためには、その幸福を願うように、とも勧めました。

「私は、息子のビルを愛し、彼のすべてを理解しています。彼も私を愛しており、私を受け入れます」

そして息子のことが頭に浮かぶとすぐに、「私の愛でビルを守る」と言葉に出していうように、ともつけ加えました。

しばらくして、彼から手紙を受け取りました。手紙には、「先妻から、息子のビルが病気だと電話がかかってきた。そこで息子のところに飛んで行き、親子の再会を果たした。さらに、先妻から息子を引き取ってほしいという申し出があった」と書いてありました。先妻は、他の男性と愛し合うようになっており、そうなれば現金なもので、息子を父親に返すといってきたのです。息子も、母親の微妙な変化を感じ取り、いまでは父親になつくようになっているそうです。

こうして彼は、願いどおりに息子を取り戻すことができました。

あなたがすでに持っているコンピュータ以上の〝プログラミング〟力

これまでの例から、潜在意識に願いを強く植えつければ、その願いはやがて現実のものとなり、願いは実現されることを理解していただけたでしょう。

潜在意識は、あなた自身の手で思うがままに働かせることができます。ちょうど、コンピュータをプログラミングするのと同じです。コンピュータは、入力された情報どおりに忠実に働きます。

しかも、潜在意識は永久のエネルギーを持っているのです。永久のエネルギーとは、外部からエネルギーを補給することがなくても一定の運動をつづけることをいい、物理的には現実にあり得ません。

しかし、潜在意識のエネルギーは永遠につづくのです。外部から力を加える必要はありません。たとえば、いま、あなたが何かを深く考えたとしましょう。その考えは潜在意識に刻み込まれ、いつまでも働きつづけ、やがて具現化されるのです。

その具現化の方向をプログラムすることができる。これが潜在意識のすばらしいところです。プログラムしだいで、どんなことも可能になります。

ある女性はこんなふうに自分の思いをプログラミングしました。

彼女は自分のマンションを売却したかったのですが、何週間たってもいっこうに買い手が現れません。

そこで彼女は、ある晩、心を落ち着けて、自分がマンションを買いたいという人に建物の中を案内し、間取りや設備を説明しているところをイメージして、潜在意識に強くインプットしました。相手が「買いましょう」という声が聞こえるほどに、リアルに思い浮かべたのです。その声を何度も繰り返し聞きながら、彼女は静かに眠りにつきました。

朝になると、すっきり気分が落ち着いていました。昨日まで、マンションを売らなければと焦っていたのですが、不思議なことに、焦りはすっかり消えていました。彼女の心に平穏が戻ってきたのです。もはや、祈る必要も感じませんでした。

その日、一人の男性がマンションを見に訪れ、この物件を買いたいと申し出ました。ちょうどよい時期に、ちょうどよい人物が現れて、希望する価格でマンションが売れたのです。

まさに〝人馬一体〟の完全コントロール術

彼女のように自分の願望を実現する術を知れば、人生は自分が願ったとおりに、思いのままに展開できます。そのためには、潜在意識に自分の思い、願望をインプットする方法を身につければいいのです。

競馬の騎手は完璧に馬を乗りこなします。馬は騎手の思いどおりに走ります。鞍上にいるのは自分の主人であるということを本能的に知っているのです。騎手が馬に乗るときは、不安はまったく抱いていません。騎手は馬を愛しており、完全にコントロールしています。

愛とは、別の言葉でいえば、絶対的に信じることです。

同じように、私たちも潜在意識が持つ力を全面的に信じ、「ただ一つの力」として認めることが必要です。私たちの人生において、何よりもまず大事なのは「潜在意識」が持つ力であり、その力・潜在能力こそ、人生を切り開く「ただ一つの力、そして無限の力」だと確信しましょう。

それこそが真理なのです。

無限の真理を信頼し、愛することができるようになれば、どんな問題が起ころうと、どんな状況に追い込まれようと、それを乗り越え、克服し、解決することができます。

「無限の力だの、潜在能力だの、そんなものをどうやって愛すればいいのか? あまりに曖昧すぎる。見たこともないものを愛するなんて不可能だ」という人もいるでしょう。

科学的に思考する傾向のある人ほど、あらゆることを支配する「無限の潜在能力」

を信じようとしないようです。しかし、それでは、その人は永遠に救われることはありません。一生、不安や不満、そして不幸に悩まされることになります。

しかし、不安や憎しみに凝り固まっている人は、自分の心がつくり出した暴君に振り回されてしまいます。そのために、かえって、やることなすことうまくいきません。否定的な感情は、人の心から意欲や生命力、希望や精力、向上心を奪い取ってしまうのです。これでは、いくら成功を望んでも失敗ばかりします。何をしても裏目裏目に出てしまうのです。

敵意や憎しみといった否定的な感情が、乗り手であるあなたを好き勝手に引きずり回し、コントロールを失ったあなたは、暴れ馬の背から振り落とされ、地面に叩きつけられることになるでしょう。

潜在意識を馬のように自由自在に乗りこなすためには、すべての人に愛と思いやりを注ぐように努め、率直、誠実、平和、調和、寛容、思いやり、正義をすべての人に与えようとすることです。

もっと簡単にいえば、あたたかく親切な、やさしい気持ちで生きていれば、必ず成功と幸福が訪れます。

〝心にまいた種〟の完璧な発芽法

潜在意識がもたらした、たくさんの成功例をいくら話したところで、そんなことは信じられないと、潜在意識の力を一笑《いっしょう》に付す人もいます。

そういう人に向かって、私は何もいいません。信じられない人には、潜在意識はまったく無力だからです。願望がかなわないどころか、しばしば願っているのと正反対の結果になることさえあります。

信じなければ何もできません。人が種をまくのは、種をまけば芽が出ると確信しているからです。ケーキを焼くのも、車を運転するのも同じことです。

信じる心は誰の中にもあります。ところが、中には失敗や病気、能力が足りないことを恐れる気持ちをどうしても抑えられない人もいます。思ったとおりに人生が開けない人は、決まってマイナスのことをどこかで意識している人です。

願いを言葉にするならば、ネガティブな言葉は絶対に避けなければいけません。否定的な考えや疑念、不安は、あなたの願いの実現を邪魔するネガティブな影響力を持っているのです。

願うのは、そして、信じるのは、成功、達成、健康、幸福、富裕など、ポジティブなものでなければいけません。たとえば、大事な人が病気になり、何としても治癒を願う場合にも、その人が病人になった姿を思い浮かべ、「よくなりますように」と祈るのは間違っています。

完全に健康な姿――すなわち、本来その人がそうあるべき、生命力に満ち、力強く、意欲と精力にあふれた姿を思い浮かべるのです。それが正しい祈りであり、願望を潜在意識にインプットする方法です。

こんな「思いやり」は、必ず幸運をつれて戻ってくる

願望するときは、あらゆる万物と一体であることを感じながら願うようにしましょ

う。万物は——地の獣も空の鳥も——すべて「ただ一つの根源」から生まれたものだからです。万物が一体であるとともに、私たち人間はすべてが共通の祖先——生命原理——につながっています。人間は、皆、兄弟姉妹なのです。

「ヒューマニティー」という言葉は、ただ一つの存在が数多くの存在として出現したものを意味します。あなたは本質的にすべての人類、万物と一つなのです。私たちは、こうして誰も彼もが、ただ一つの生命力の源とつながっています。

相手を受け入れ、許すことも重要です。そうした心を育むには、代償を支払わなければならないこともあります。いたずらに自分を憐《あわ》れむことをやめ、自分を責めたり、欠点を探したり、他人を責めたりするのをやめ、相手を受け入れる気持ちになることが大事なのです。

誰かに対する怒りが頭をもたげてきたら、すかさず、「私はあなたを受け入れ、心からあなたの幸せを祈ります」と言葉に出しましょう。こうした努力をつづけていれば、やがてその相手の姿が脳裏に浮かんでも、怒りや憎しみを感じることはなくなります。そのとき初めて、あなたは相手を受け入れたといえるのです。

あなたが、誰かのために、何かを真剣に祈る。その思いこそ、あなたが到達した結論です。すると、なんという不思議でしょう。あなたの願いが満たされるのです。願望が現実のものになるのです。

離婚して、先妻のもとに行ってしまったわが子を取り戻した男性の例を思い出してください。彼は、ひたすら「先妻の魂が愛で満たされるように」と祈りつづけたのです。そしてその結果、願いどおりに息子を取り戻すことができたのです。

「いつか」を「今日、ただいま」に変えなさい

人は誰でも、主体的に生きることができます。自分の人生の支配権を握っているのは自分自身だからです。自ら潜在意識をコントロールし、それを生命原理として働かせることができるのです。

人は目を閉じて、どこか行きたいと思っている場所に自分がいると想像すれば、あたかも実際にそこにいるかのように感じることができます。空間のみならず、時間も

超越して、理想の状態を思い描くこともできます。

想像の中で理想とする状態を生き生きと描き出し、それを鮮明に感じるのです。やがて、その理想は潜在意識にたしかに定着し、必ず現実になるのです。

愛はいま、そこにあり、平和もいま、そこにあります。望みさえすれば、絶対的な愛も平和もそこにあり、全身を流れていくはずです。同じように絶対的な力もいま、そこにあり、強く望みさえすれば、その力はあなたの全身にみなぎります。

すべて願うものは、いま、そこにあることを確信してください。

「きっと、いつの日か、大物になってやる」と願っても、何の意味もありません。かなえたい願いがあるとき、それを先延ばしにせず、いま、その瞬間に強く願うことが重要なのです。

よいことを先延ばしにしてはいけません。あなたが望むことは、何であれ、原則として、すでにあなたの中にあるのです。この世にある物事はすべて、人の心、潜在意識から生み出されたものです。あらゆる発明や発見、そしていま、あなたが毎日の暮らしに使っているものはすべて、潜在意識が生み出したものなのです。

この世に存在するものの「根源」はただ一つ、潜在意識の力しかありません。

「自分を上手に許す」ことで自分が強くなる

詩人ロングフェローは、潜在意識の重要性について、こう書いています。

「それならば、内的静寂を、そして内在する治癒力を得るために力を尽くそう。口も心も沈黙した完全な静寂の中では、不完全な思いや空しい考えはいずこへか消え去り、自分の内側から湧いてくる真実の声が聞こえるのみだ。

私たちは心を一つにして待ち、静寂の中で、その声を聞き、ただそれを行うだけだ」

ロングフェローも指摘しているように、心が乱れているときは否定的な感情に支配されているときです。こういうときに、正しい決断をすることはできません。そんなときは、まず否定的な感情を抱いた自分を許し、次のように祈りましょう。

「私は否定的な感情を抱いた自分を許し、二度とそんな気持ちにならないと決心します。

また、いま、私が怒りを抱いている相手をすべて許し、彼らの幸せを心から祈ります。私の魂が愛に満ちあふれていれば、相手がたとえこの世で最も憎むべき人間であったとしても、怒りや敵意などの否定的な感情が入り込むすきはありません。

私は、彼らすべてを解放し、何のこだわりも持ちません。憎しみがすべて消えたとき、心に彼らの姿を思い描いても、私は何の痛みも感じません。私の心は平穏そのものです」

心が平穏になって初めて、自分の内に、静かにささやく声が聞こえてくるのです。

それは振動をともない、あなたの心に響いてきます。

願望が実現するために、何よりも不可欠なこと

こうして心を平穏に保ち、願うことを、静かに、穏やかに願いつづけていると、それがいつかなうのか、いつ現実化するのかを知りたくなります。私もよくそうした質

問を受けます。

願望はいつか、必ず聞き届けられます。でも、それがいつかはわかりません。

種子の成熟や発芽の時期は、その植物によって異なります。同様に、あなたの潜在意識の中に埋め込まれた種が成長するスピードもさまざまに異なり、数日、あるいは数カ月、ときには数年かかる場合もあります。

あなたの願望は潜在意識に浸透していき、意識下の闇にひっそりと宿ります。そして潜在意識の決定にしたがって、最もふさわしいときに満開の時期を迎え、願望は現実のものとして花開くのです。

願望を実現するために最もよい方法を教えてほしい。これもよく受ける質問です。

しかし、願望には万能のルールはありません。悩んでいる人の性格によっても違いますし、問題に対する姿勢や問題の難易度によっても願望のかない方は異なります。

願望を言葉にする方法にも時間にもルールはありません。

あなたが、母親の病気が一日も早く治るように願う場合、最もよい方法は、そしてただ一つの方法は、母親の名前を呼び、平和と調和、美しく、輝くような生命感に満たされた、完璧な母親の姿をイメージすることです。

その上で、さらに、医師や看護師など、母親の世話をする人々が英知にあふれていると確信することが大切です。母親だけでなく、母親の世話をしてくれる人々すべてを、愛や真理、美で満たすのです。心がゆったりとくつろぎ、安心するまで、母親に対する思いを願いつづけましょう。

重要なのは、その祈りが、必ず届けられると確信することです。

「いまはこのくらいでいいだろう。また二、三時間したら祈ろう」などと思ってはいけません。こんな考え方では、せっかくの祈りもムダになってしまいます。

願うときには、その願望がすでに聞き届けられていると信じ、後でふたたび願うときには、前に願ったことをすっかり頭から追い出してください。

日常生活を送っていると、仕事や家庭、人間関係など、考えるべきことが山ほどあります。

つまり、数時間は願ったことを忘れられます。しばらくは願ったことを考えずにいて、母親のために、また新たな気持ちで願えばよいのです。母親に健康と幸福が訪れるまで、こうして願いつづけましょう。

願うたびに、あなたの潜在意識の中に、完全無欠な健康という考えが浸透し、それが母親の心身でよみがえり、現実化します。

問題をしょっちゅう思い出し、くよくよしたり、愚痴をこぼしたりしてはいけません。ただ心を落ち着けて、ひたすら願うのです。

第2章

この「想像力」を毎日の習慣にする大効果!

想像力のない魂は
望遠鏡のない天文台のようなものである。
想像力は人間が持つ最も根源的な能力であり、
あなたの考えを宇宙のスクリーンに
具現させる能力を持っている。

成功した人が実践している「他の人とは違う習慣」

彼は二十代のとき、妻と二人でいとなむ小さな店の主でした。毎日、小さな車で配達に回る間、妻は幼い子供を背負いながら店番をする……。そんな、どこにでもいる若夫婦でしたが、彼らはただ一つ、他の人とは違う習慣を持っていました。

毎日、寝る前に、夫は「私は将来、絶対に大きな会社の社長になる」と口に出していい、妻と二人、社長になった日々を想像していたのです。

大きなビルの最上階にある社長室。彼の目の前には、ピンが無数に打ってある世界地図が掲げられています。彼の会社がすでに進出を果たしたところです。

妻は妻で、豪華で立派な邸宅に住み、自分もオフィスを持って、自分なりの仕事をしている様子を想像する。そして、その想像に包まれるようにして眠りにつくのです。

それから二十年後、彼らはこの想像に描いたとおりの姿になっていました。夫の事業は、いまやヨーロッパ、そして東南アジア全域に広がり、彼の名を知らない人はいないといってもいいくらいでした。自家用飛行機で世界を駆け巡る日々。彼はついに若き日に想像していたとおりの自分になったのです。

妻のほうも同じでした。豪邸、身につけきれないほどの宝石、たくさんの、そして豪華なドレス……。しかし、何より彼女を満たしているのは、前々から関心があった高齢者を対象にしたビジネスに進出し、夫と同じようにビジネスの成功を手にしたことでした。最初こそ夫の事業から資金を得ていましたが、いまでは立派に自分の手で運営しています。

彼らが人も羨《うらや》むような成功を手に入れることができた原因は、ただ一つ、若い頃に**毎日、二十年後のすばらしい成功に包まれた日々を想像しながら寝たこと**にあったのです。

想像したものは、いつかやがて、必ず現実のものになる。彼ら二人の成功物語は、想像が持つ偉大な力を教えてくれます。

ゲーテはこんな方法で〝難問〟を解決していた!

心は三段論法にしたがって働きます。前提が正しければ、正しい結論が導かれます。潜在意識は演繹《えんえき》的にしか働かず、その結果はつねに前提と呼応しているからです。心に正しい前提をインプットすれば、心の法則が働き、どんな場合も正しい行動をとらざるを得なくなるのです。

表に表れる行動や行為は、内なる潜在意識の働き方に無条件に反応した結果なのです。すばらしい決断をして友人や同僚から称賛を浴びているところを想像し、その称賛の声を繰り返し心の耳で聞いていれば、現実でも、称賛されるような正しい結果へ導かれます。

ゲーテは想像力を賢明に操って、さまざまな困難や苦境に対処したことで知られています。ゲーテの伝記には、ゲーテが何時間も頭の中で対話をすることが日課であったと書かれています。

彼はいつも友人の一人と向き合って座り、その友人が自分が投げかける問題に理想的な受け答えをしてくれているところを想像していたそうです。

何らかの問題があって頭を抱えるようなときでも、ゲーテは、友人から正しい助言を与えられている光景を想像していました。あたかも、友人が目の前で実際に話をしているように、友人の身振りや声までもリアルに鮮明に想像していたといいます。

その結果、ゲーテはあのようにすばらしい無数の作品を残し、後世まで語り伝えられるような偉業を達成したのです。

「できるはずがない」を引っ繰り返す一番簡単な方法

人間にとって一番重要な能力、それは想像力です。想像力には、頭の中のどんな考えでもスクリーンに映し出し、さらに現実のものとして実体化する力があります。

想像力は最も強く、最も生産的な力です。

しかし、普通の人は、しばしばその価値を過小評価し、想像したことが現実化するなど、まやかしだ、妄想だと決めつけてしまいます。

人の心に備わった想像力以外の能力を重要視し、想像力を侮《あなど》り、ばかにします。しかし、潜在意識の無限の力を認識し、その力が自分を導き、あらゆる行動を決定し、方向を定め、制御する力であることを認識している人は、結果的に、何をするにも潜在意識の無限の力に守られていることになります。

想像力は、科学者や芸術家、物理学者、発明家、建築家などにとっては、とりわけ力強い武器になります。

一般の人々が「そんなことはできるはずがない、不可能だ」というようなことでも、想像力のある人はそこに可能性を見いだし、前進していきます。

想像力こそ、真理の深奥に踏み込み、真理の神秘を解き明かす唯一の方法です。想像力のある人は、心の中に未来の情景やイメージ、理想とする光景を描くことができ、その心の映像を具現化する「創造の力」が存在することを知っています。

この〝奇跡のどんぐり〟を自分の心に根づかせなさい

あなたが想像したことは、たとえそのときは実現しなかったとしても――植物の種が木になりやがて果実をつけるのと同じように――その根は残り、ある機会に一つの願望がかなえられると、その根は新たな願望のパターンをともなって、ふたたび心の中でよみがえります。

なぜなら、人の運命は本来、栄光から栄光へと進むように定められているからです。あなたの行く道は常に前進し、上昇し、栄光に向かって進んでいきます。

想像力を働かせれば、一個のどんぐりから、いくつもの小さな川が流れる、堂々とした深い森をイメージできます。森の中に、ありとあらゆる生き物を住まわせることも、雲の一つひとつに虹をかけることもできます。想像力があれば、砂漠さえもバラの花が咲き誇る美しい場所にすることができます。

どんなに長い時間、つらい思いをして努力し、勤勉に働いても、誰もがシェークスピアやベートーヴェンになれるわけではありません。しかし、心静かに、想像力の目をとおして目に見えないことをはっきり目に見える形として認識すれば、その瞬間、誰でも偉大なことを成し遂げることができます。

夢を実現するためには、まず土台を整えましょう。夢は必ず実現するのだと固く心にいい聞かせてください。物事の外面だけを見るのはやめましょう。そんなことは無理だという感覚が襲ってきても、自分に向かって、絶対に大丈夫だと言葉に出して断言しましょう。

心を落ち着け、不安や疑いを払いのけ、潜在意識の無限の力にすべてをゆだねるのです。

心に沈黙と静けさが訪れたら、潜在意識の存在とその無限の力に思いを集中しなさい。潜在意識の力は絶対的であることを認識し、この「力」がすでにいま直面している問題の答えを握っており、いまからそれが示されることを確信しなさい。

潜在意識を心の底から信じるのです。願望はすでにかなえられたと確信するのです。

彫刻家は、岩を見つめていると想像力が働き、岩の中に聖像が浮かび上がるようにリアルに見えてきます。その美しさと喜びまで生き生きと伝わってきます。後はただ無心にノミを振るって、岩の中からその聖像を彫り出すだけです。

レオナルド・ダ・ヴィンチは、ミラノの聖堂から壁画制作の依頼を受けたとき、どんな主題を選ぶべきか、ずっと悩みつづけ、ついに答えを得られませんでした。しかし、ダ・ヴィンチは豊かな想像力に恵まれていました。

彼は十二使徒とその役割について考えを巡らせ、やがて深い瞑想に入りました。瞑想しているうちに想像力が働き出し、彼の潜在意識から完璧な絵がにじみ出てきたのです。心の中でその絵を一心に見つめているうちに、ダ・ヴィンチの目に輝きが満ち、やがて彼はそのイマジネーションのままに絵筆を動かしていったのです。

名画『最後の晩餐』は、ダ・ヴィンチの潜在意識のイメージから誕生したのです。

人生は、彫刻家の作業やダ・ヴィンチの創作活動と同じです。

自分が願うようなイメージを生き生きと想像してください。その姿を、そのまま彫り出すように実現していく。それが本来の人生の生き方です。

なぜ、この男は〝風呂の中で溺死〟してしまったのか？

どんなことでも、私たちが心の奥底で本気で決意したことは、必ず目に見える形で現実になります。

何であれ、あなたが心に思い描いたことは、あなたの人生のあらゆる側面で現実となります。これが進化です。

作用があれば、反作用もあります。不安、怒り、愛、喜び、悲しみといった感情は、すべて心のスクリーンにはっきり映し出されます。

「私はこの世でこんなに苦しんだのだから、死んだら必ず天国に行くのだ」といった人がいます。しかし、苦しみは無知ゆえに生まれるものです。私は、潜在意識の無限の力が存在することを知っている人は、苦しむことはあり得ない、と説明しました。

私たちが苦しむのは、心の法則の使い方を誤ったり、悪用したりしたときだけです。

心の法則と潜在意識の無限の力の働きを理解すれば、どんな苦しみも消えてなくなります。

　この世のすべての苦しみと悲嘆の主な原因は、無知です。無知こそが唯一の罪であり、あらゆる苦しみは、その結果です。

　最近、ある葬儀に参列した際、夫に先立たれた女性から聞いた話です。

　故人は、子供のころの体験から、つねづね溺れることを非常に恐れていました。溺れるのがこわいばかりに船に乗ることはおろか、海に近寄ることさえできなかったそうです。ところが、彼はなんと風呂で亡くなったのです。

「溺れる」という強烈なイメージが潜在意識の中に刷り込まれていた結果、それは自然に現実のものとなってしまったのです。溺れるという恐れを中和することはいつでもできたのに、彼はその秘めた不安について、誰にも相談しようとしなかったのです。

　私たちの潜在意識に刻み込まれた考えは、必ず心のスクリーンに投影され、やがて現実の形として、結果として、体験として、出来事として、私たちの身の上に降りかかってきます。

これまでの不幸、不運がウソのように好転した！

ある若い女性がいました。彼女は美しく、魅力的だったので、何人もの男性とつきあいがあったのですが、実際はそのたびに失望を味わわされていました。彼女がデートした男性たちは、独身だといいながら実は結婚していたり、彼女をだまして利用していただけだったのです。彼女は二度結婚し、二度とも離婚しました。

そこで私は、彼女に、「毎晩寝る前に、私があなたと握手をし、あなたの結婚を祝福している光景を頭に思い描いてから寝るように」と助言しました。つまり、彼女は自分がすでに結婚している状況を頭の中でつくり上げたのです。

「指にはめた結婚指輪の質感まで、リアルに想像するように」。私はそこまで説明しました。

彼女は、毎晩このイメージを心静かに思い描きながら眠りにつきました。自分が理想とする将来を明確に心の中で受け入れれば、必ずその理想の結婚が具体化されます。

彼女が理想として思い描いていた相手は、高い精神性を備えた、彼女と完全に波長の合う男性でした。私に祝福されている光景を想像し、私の声を実際に聞いていると信じ、彼女はそのイメージを潜在意識に吹き込みました。

まもなく、彼女は有能なビジネスマンと、とても幸せな結婚をしました。

想像し、現実のものにする……。とても簡単なテクニックなのですが、驚くほど正確で、確実で、そして理にかなった願望の実現法です。

相手に自分の願望を受け入れてもらえる唯一確実な方法

どんなに絶望的な状況におちいったときでも、潜在意識の無限なる力が、あなたを支え、助けてくれます。それは私たち皆の中にあり、求めさえすれば、いつでも助けとなってくれます。**どんな人間関係においても、想像力を使えば、思いがけないすばらしい展開が得られます。**

人間関係に問題が生じた場合は、相手の立場に立って想像してみましょう。そうすれば、何をすればよいかがわかります。自分が相手にしてほしいと思うことを、相手がしてくれている光景を想像するのです。

相手のあるべき姿を思い描き、現実にどう見えているかは無視しましょう。ひょっとすると、現実の相手はつっけんどんで、嫌みで、怒りや敵意をむき出しにしているかもしれません。挫折感や悲しみで心がいっぱいになっているかもしれません。

しかし、相手の中にある潜在意識の、無限の力を信じてください。あなたの潜在意識の「無限の力」が、相手の潜在意識の無限の力と対話するのにまかせ、お互いの間に調和と平和、絶対的な理解が生まれてくると信じるのです。

そうしているうちに、相手の心の中に愛の小さな火を灯《とも》すことができるかもしれません。そして、その小さな灯火《ともしび》が、赤々と燃えさかる真理の火になることもあり得るのです。

驚異の「願望の実現法」は、実はこんなに簡単なことだった!

結果を想像する力を使えば、あなたはどんな環境でも、どんな状況でも、自分の思うままにコントロールすることができます。いかなる望みであれ夢であれ、実現したいと思うのならば、心の中に、その願いがかなった光景をはっきり思い描きなさい。そして、絶えず、その光景が現実のものになるようにと想像しつづけるのです。そうすれば、願いがかなった光景は必ず実現します。

単に真実として思い描くだけでも、すでにそれは心の中にたしかに存在するようになります。さらに、断固としてその夢を信じつづければ、いつの日か、その夢が具現化するときがきます。あなたの潜在意識の無限の力が、あなたが心に刻み込んだ思いを、目に見える像としてスクリーンに映し出し、それが具現化をもたらすのです。

想像力は心理的な装い、つまり、心的態度にも影響を与えます。心の装いとは、あなたの思い、信念、気分、期待などを意味します。つまり、想像力はさまざまな想念を望ましい形に装わせる能力を持っているのです。

たとえば、貧しい友人がいるとします。彼が贅沢な暮らしをしているところを想像してみましょう。

彼の顔は喜びに輝いており、いつもの彼とはまったく違う輝くような表情で、満面の笑みをたたえています。想像の中で、彼の口から、あなたが聞きたいと思う言葉をいわせてみましょう。彼には「こうあってほしい」とあなたが望むとおりの姿を想像するのです。晴れやかで、幸せそうで、豊かで、成功している彼の姿を思い浮かべましょう。

想像力によって、あなたはイメージを自由に変化させることができます。どんな観念でも願望でも、あるべき形に変えることができます。想像力によって、欠乏のあるところには豊かさを、争いのあるところには平和を、病気のあるところには健康を、悲しみのあるところには喜びをつくり出しましょう。

シェークスピアは、寓話《ぐうわ》や伝承物語に耳を傾け、想像の中で、そうした話の登場人物一人ひとりの髪の毛、肌、筋肉、骨格などをつくり上げ、生命を吹き込み、その姿を生き生きと描き出して、戯曲化しました。だからこそ私たちは、シェークスピア作品を読むとき、リアルな人の姿を見ているように感動するのです。

想像力は、人にとって一番重要な能力です。その他の能力や顕在意識などのすべてに優先する力です。

わかりやすい例で説明しましょう。たとえば結婚式を間近に控えた人は、これから迎える式の様子をリアルに想像します。

想像の中の結婚式。神父の姿が見え、祝福の言葉が聞こえてきます。花束や教会が見え、ウェディング・マーチが聞こえます。指に指輪がはめられるところも、ハネムーンに出かけるところも、すべてありありと想像できます。これらはすべて、あなたが心の中でつくり上げた心象風景なのに、です。

これから卒業式を迎えようという人も、感動的な情景を頭の中に思い浮かべることができます。卒業式について抱いている思いにふさわしい情景を想像できるのです。

想像の中で、あなたは学長の手から卒業証書を受け取ります。学生たちは皆、正装し、ガウンに身を包んでいます。両親や恋人から、祝福の言葉をかけられます。抱擁を受け、頬にキスされるのを感じます。何もかもが生き生きとリアルに思い浮かべられ、心がわくわく躍りはじめます。

イメージはどこからともなく浮かんでくるように思えますが、実は、潜在意識の力が心の中の想念に形を与え、生命と動きと声を吹き込んでいるのです。

そして、やがてそのイメージはほどなく現実のものになります。

人生のあらゆる瞬間は、この結婚式や卒業式と同じです。生き生きとリアルなイメージで、これから起こることを想像しましょう。自分が思うとおり、願うとおりのイメージでいいのです。

やがて、それが現実のものになる。それは、結婚式や卒業式と同じです。

想像力が結集してできた「知恵の宝庫」とは!?

伝説によれば、何千年も昔、中国の賢者たちが最長老のもと、一堂に会し、おびただしい数の蛮族《ばんぞく》の集団が国土に侵入して農地を荒らし、略奪していることについて、どうしたらよいか、その対策を話し合いました。話し合いの最重要課題は、収穫物や村落を守ること以上に、古代の知恵を侵入者に破壊されないように守りとおすにはどうしたらいいかということでした。

数多くの提案が出されました。巻物や像をヒマラヤ山地に埋めてはどうか。チベットの僧院に保管してはどうか。いや、インドの神聖な寺院こそ、神の知恵を納めるにふさわしい場所だ……。

最長老の賢人は、議論の間中、一言も口を開きませんでした。それどころか、話し合いの途中で眠り込んでしまったではありませんか。これには出席者一同、がっかりしました。しかし、長老はしばらくして目を開き、こういったのです。

「潜在意識が私に答えを示された。それは次のとおりである。想像力に恵まれた優れた絵師を国中から集め、彼らに我々がすでに手に入れた知恵、そして、これから成し遂げるべきことを伝えよ。彼らを真理に導き、永遠の真理を絵に描かせるべし。さすれば、神の知恵は未来永劫守り伝えられるであろう。

真理の偉大な力、特質と特性を描き出した一組の絵図が完成したら、新しい遊びを世界に伝えるのだ。これらの絵図は、運試しの絵札遊びとして、時を超えて世界にあまねく広まり、人々はそれで遊びながら、知らず知らずに我らが獲得した英知を永劫《えいごう》に伝えることだろう」

　この絵札が、タロットカードやトランプの起源になったのだと伝えられています。

　長老はこの後、こうつけ加えました。

「万一、すべての聖典が破壊されても、この絵札に描かれた象徴的な教えと奥義があれば、後世、いつでも聖典をつくり直すことができよう」

　想像力はあらゆる想念に形を与えます。

　想像することによって、あなたの中に眠っていた思いが、形あるイメージになるのです。

精神を集中するべきところは、ただ一つです！

　私たちが描くイメージは五官をとおして感じることによってつくられます。わたしたちのすべての感覚は、ただ一つの感覚――気持ち――が形を変えたものだということともできます。

感じることは、力の源です。心の中のイメージがうれしく喜ばしいものであるとき、ごく自然に、それに呼応した気持ちが生まれます。どんな観念にも特有の香気《こおき》があるからです。おそらく、これを読んでいるあなたにも、実現したいと思っている夢や理想、計画、目的があるでしょう。

反対に、人の中には、間違ったことを拒絶する、あるいは否定する気持ちもあります。「憎悪」と表現されることが多いこの気持ちは、あなたが抱いている考えや気持ち、信念、意見、判断などを攻撃し、夢をけなし、「そんなことはできるはずがない、望みがない、不可能だ、忘れてしまえ」と責め立てます。

たとえば、この「憎悪」があなたに挑《いど》みかかってきたとしましょう。たちまち潜在意識の葛藤が始まります。この葛藤をうまく解決するためには、感覚的な、あるいは外面的な印象に惑わされず、ただ自分の目的を達成することだけに精神を集中するようにすることです。

精神の創造的な法則を利用するためには、まず、精神が目的に引きつけられていなければなりません。夢は必ずかなうと信じつづけましょう。そうすれば、必ず願望は聞き届けられます。

あなたが想像し、真実だと実感したことは、何であれ、必ず現実になります。

どんな問題も、答えはすでにあなたが握っている!

どんな問題であろうと、それに対する答えは、いま、すでにあなたの中にあります。潜在意識に潜む無限の英知は、何もかも知っているのです。

あなたが必要とする最良のもの、最高のものを、いま、手に入れなさい。いま求めるのも百年後に求めるのも同じことです。待つ必要などありません。

「無限の英知」は「私は(〜で)ある」とあなたがいうだけで力を拡大します。「私は(〜で)ある」ということによって、どんな気持ちにも拡大できるのです。

たとえば、「私は貧乏だ、私は寂しい、私は情けない人間だ」ということは、自らのそうした状態を大げさに表していることになります。しかし、大げさな状態を現実化してしまうので、そのまま、本当に具現化されてしまいます。
「私は（〜で）ある」という意識は、存在、生命、気づき、すなわち生命原理そのものです。そして、「私は（〜で）ある」と意識することは、無限の贈り物を与える源泉になります。

心の平和も、愛も、富も、栄誉も、すべてが「私は（〜で）ある」と自分の願望を想像することから与えられます。

平和は「いま」、あなたの内にあります。ですから、あなたはただ、平和を求めさえすればよいのです。

愛もいま、あなたの内にあります。あなたはただ、心を開き、流れ込む愛を受け入れればいいのです。力もいま、あなたの内に存在しています。安定も、喜びも、望むもの、すべてはあなたの内に存在しています。治癒力の源泉もあなたの内にあり、あなたが求めさえすれば、無限なる治癒力は、いま、この瞬間にもあなたに満ちあふれます。

「心の焦点」がピンボケしていないことを確認しよう

想像するといっても、めちゃくちゃに想像すればいいというものではありません。まずは、あなたの心の向かう方向を定めましょう。**いつも、うれしいこと、望ましいことだけに思いを凝らすようにしましょう。**

あなたの精神の標的をどこに定めるか、その角度も方向も、現実の結果として表れます。標的は無数にあります。あなたの気分で、同じ標的でも、よくも悪くも変化するのです。

あなたが欠乏感や挫折感に浸り、その気持ちに精神を集中したまま眠りについたとすれば、その気分が内面で増殖し、現実の結果として表れます。このとき、その気分がどういう方向に飛んで行くか、それをコントロールすることはできません。

マニュアルのカメラで写真を撮るときは、レンズのピントを正しく合わせ、写そうとする対象がシャープに見えることを確認してから、シャッターを押します。それと同じように、あなたの心の焦点も、あなたの望むこととぴったり合致していなければなりません。

想像する前に、まず、心のレンズのピントをぴったり合わせるようにしてください。

第3章

必ずなんとかなる！「あきらめの人生」を逆転させる力

二人の〝泥棒〟に気をつけよう。
もし、過去の間違いを悔いてばかりいたり、
あるいは未来のことを心配していると、
これら二人の泥棒が、あなたから活力、洞察力、
心の平安を奪うことを知るべきである。

驚くべき奇跡を起こした「眠る前のこの一言」

潜在意識が私たちにもたらしてくれる力は、ほとんど無限といっていいものです。

私が手がけたケースの中に、こんな例があります。

ある日、一人の学生が私のもとを訪ねてきました。彼は勉強の成果が上がらず悩んでいました。

「いくら勉強しても成績が上がりません。このままでは受験に失敗してしまうに違いありません。何とか成績をよくする方法はないでしょうか？」

私はいろいろ質問し、この学生が、兄弟の中で自分が一番頭が悪いと思い込んでいることに気づきました。

「でも、これは事実なんです。両親からもそういわれてきましたし、自分でもそう思うのですから」

私は、まず、兄弟と自分をくらべることをやめるようにいいました。

「人はそれぞれ違った才能を持っています。一人として同じということはないんですよ。ですから、比較することは意味がありません」

そして、潜在意識を活用するための、簡単で、非常に実用的なテクニックを伝授しました。まもなく彼は劣等感を克服し、成績はみるみる上昇、希望どおりの大学へ入学できました。

私が彼に伝授したテクニックとは、次のようなものです。

「私は、もう他人の才能をうらやましいと思いません。なぜなら、私にも無限の知恵が授けられていることを知ったからです。私の潜在意識はすべてのことを知っており、試験のとき、いつも正しい解答を示してくれます。ですから、私は試験で失敗することはあり得ません」

毎晩、眠る前にこう口に出していい、同時に、成績が上がって、受験もうまくいったときの光景を頭の中にありありと思い描くようにと指示したのです。彼はそれを素直に実行しました。

その結果は、あらためていうまでもないでしょう。彼は希望どおり、難関といわれる学校に合格しました。

これを、子供だましではないかなどと思ってはなりません。実際は、受験の不安から、これとは反対に「いくら勉強しても成績が上がらない。このままでは試験に失敗するに違いない」と思ったり、そう口にしたり、そうしたイメージを描く人のほうがずっと多いはずです。受験に失敗する人の多くは、こうした想像をしては、自分をさらなる不安に追い込んでしまいます。

しかし、彼のように、毎晩、成績が上がって受験がうまくいった様子を想像してから寝る習慣をつければ、「想像は現実を創造する」という法則が働きはじめ、願ったとおりの結果を導き出すことができるのです。

これはほんの一例にすぎません。この例が物語るように、想像力と潜在意識を正しく活用すれば、私たちは望むことのほとんどすべてを実現できます。想像力には、そのくらい強烈なパワーが秘められているのです。

奇跡とか超能力といった言葉で説明されていることがありますが、これらの現象に目を見張ったり、驚異の表情を浮かべる必要はありません。**特別な才能を持っていなくても、想像する力さえあれば、願ったことをそのまま実現する力を自分のものにすることができるのです。**

今日から「もしも」を一切口にしないこと

自分の願いに応えるのは自分自身なのです。潜在意識の力を利用するには、まず、このことを理解しましょう。

潜在意識は、その人の信念に呼応するものなのです。願うことによって望みがかなう、という信念を確固たるものにすることです。人生の課題を解決する鍵はそこに潜んでいます。

多くの人が、他の力を借りて利益を得たり、守ってもらったり、昇進しようとしますが、これは間違いです。大切なことがわかっていないから、そういう考え方になるのです。なぜ、人を頼るのですか。

無限の能力はすべてのものの中に潜んでおり、万物を満たしています。どこにでも存在し、もちろん、あなたの中にも潜在意識として宿っています。

潜在意識に向かって願いを刻み込むときは、次のような心構えが大切です。間違っても、「もしもそれが私にとって望ましいことなら」などといってはいけません。そんなことをいうのは、あなたが潜在能力の働き方をまったく理解していない証拠です。

願望に「もしも」はないのです。「もしも」は、不信と曖昧を表現する言葉です。「もしも」と考えていると、それが現実になり、混乱し、無秩序な状態になってしまいます。

あなたが自分の深奥部《しんおうぶ》から引き出したひらめき、直感、力、知恵は、一般には不可能と思われることも可能にしてくれるはずです。それがうまくいくかどうかは、ほかならぬあなた自身の心構えにかかっています。**あなたが心構えをプラスに変えれば、人生すべてがプラスの方向にガラリと変わるのです。**

あなたが何かを願望しているとき、ふと、否定的な考えが頭をよぎり、「それは無理だ」「お前にそんな能力はない」「できるわけがない」などとささやく声が聞こえる場合は要注意です。このような否定的な考えは、実に油断のならないものです。

あなたの大切な人が病気になったとします。その人の治癒を願っているとき、医者や看護師、あるいは知人などが、潜在的な治癒力を信じているあなたの気持ちを揺るがすようなことをいうこともあるでしょう。でも、あなたはそれに動じることなく、心中の葛藤を乗り越えなければなりません。

潜在意識の持つ力の法則を理解していれば、心をかき乱されることはありません。心の奥底に、「どんな場合も願望が現実化する、真理が勝つ」という揺るぎない確信が根づいているからです。心安らかに勝利を信じる揺るぎない気持ちがあれば、どんな不安にも打ち勝てるはずです。不安を押し殺すのではなく、不安など一切感じないように自分を導いていくことが肝心です。

息子を信じられないほど優秀にした、母親の〝心の二人三脚〟

ある母親に、教師がいいました。

「息子さんは飲み込みが悪く、いくらがんばっても見込みがないように思われます。少し知能の発達に遅れがあるのかもしれません」

しかし、息子を愛する母親は、彼女の潜在意識の力に向かってこう語りかけました。

「私は、息子には知性があることを絶対的に信じています。息子は無限の知性を持っています」

彼女は、毎日、朝昼晩、十分ほどかけてこのように語りつづけ、その間ずっと、この思いを息子に送り込みました。そうすることによって、息子の深奥に眠っている力が呼び覚まされると確信していました。

このように言葉に出していいながら、彼女は心の中で、息子が「お母さん、ほら、成績表だよ。先生にほめられたよ」とうれしそうに話す姿をできるだけリアルに想像するようにしました。彼女はくつろいだ穏やかな精神状態に自分を導き、そういう自分の声を何度も繰り返して聞き、自分がいま口にしている言葉と完璧に一致しているイメージを心に思い浮かべるようにしました。

こうして、**リアルに心に浮かべたイメージは、必ず実現されます**。

彼女の息子は、しだいに教えられたことによく反応するようになり、最後には信じられないほど優秀な生徒になりました。母親が潜在意識をとおして願い、イメージしたことが、実現したのです。息子について確信していた母親の思いが息子の心の中でよみがえり、それが現実の形に昇華されたのです。

このように、思考と実感をともなった想像、確信、確固たるイメージ、信念は必ず実現されます。

「ハッピーエンド」で願う大原則！

数年前、ニューオーリンズのユニティー教会堂で講演したとき、ある女性からこんな相談を受けました。彼女は六年間も妊娠せず、ずっと子供が欲しいと思っていました。婦人科医は、子宮に腫瘍《しゆよう》ができているので妊娠を避けるようにといっていたそうです。

彼女は、自分の中に潜む治癒力についてよく理解していました。彼女はその治癒力を使って問題を解決したのです。

彼女の心には、自分の内にある潜在意識の力を確信して信頼すれば、必ず子供を授かるという思いが確固たる信念として刻まれていました。その結果は？　そうです。

間違いなく願望が具現化されるはずです。

そこで彼女は、次のように強く願望しつづけました。

「私はいま、くつろぎと落ち着きに満たされた状態にあります。潜在意識の力が私の中を流れ、満たし、全身に染みわたっていきます。その力が子宮の腫瘍を治癒し、いま、私の願いを実現しようとしています」

そして、彼女は自分がその手に愛らしい赤ん坊を抱き、あやし、なでている様子をありありと想像しました。

彼女はこうした思いを毎朝毎晩、実感を込めて繰り返し言葉に出し、その言葉を信頼しました。そして、希望を持ち、実際に赤ん坊を抱いている自分を想像することにより、この願望が自分の潜在意識に浸透していき、必ず現実のものになることを確信していました。まもなく彼女は本当に妊娠し、やがて玉のような男の子を授かりました。子宮の腫瘍はきれいに消えていました。彼女の絶えまなく願望する心が、腫瘍を消滅させてしまったのです。

信念が現実になり、想像していたとおりに願いがかなって、ハッピーエンドを手にしたのです。彼女はただ心静かに、緊張も不安もなく、自分の中を流れる潜在意識の無限の力、無限の治癒力が必ず自分の願いを実現してくれると固く信じていただけでした。

この例のように、**願望するときには必ず無限の知恵をとおしてハッピーエンドが与えられることを信じてください。**心の緊張を解き、ただ信じることです。そして、願望がかなえられた様子を生き生きと想像してください。自分の潜在意識の力を信頼し、潜在意識の力にすっかりゆだねてしまえばいいのです。

そうすれば、必ず、願ったとおりの答えが得られます。

最高の解決策を手に入れる「潜在意識」のメカニズム

眠りにつく前に、あなたがいま直面している問題をよく見つめ、あらゆる角度から検討し、解決策を考えましょう。十分に考えたら、それについて考えることはもうやめて、後は、あなたの潜在意識に潜む「無限の英知」が答えを示してくれることを信じて、静かな眠りにつきましょう。

問題の解決は、知恵と知識の泉である潜在意識の無限の力にすべてゆだね、あなたはただ、こう願うのです。

「この問題解決をすべて潜在意識にゆだねます。必ず、真理の秩序どおりの答えが与えられると信じています。私は安心して眠り、喜びのうちに目覚めます」

こうして眠れば、翌朝、目覚めたとき、まず最初に頭に浮かんだこと、それが答えである場合がしばしばあります。朝になっても答えが得られないときは、その夜も同じことを繰り返しましょう。ただし、前の夜に祈ったことは忘れ、新たな気持ちで祈ることです。

こうして幾晩か繰り返している間に、真理の秩序に従った答えが必ず与えられます。

どんな力にも二通りの使い方があります。たとえば電気は、それを使って目玉焼きをつくることもできれば、人を感電死させることもできます。水を用いて、子供の喉の渇きをいやすこともできれば、溺れさせることもできます。強い風は安全な航行を進めることもできれば、船を暗礁に乗り上げさせてしまうこともできます。

ただ一つの力である潜在意識の力も同じです。潜在意識の力をやみくもに使ったり、おろかに、否定的に、あるいは悪のために使ったりすると、結果的に、自分の上に不幸、苦難、欠乏、限界などの形で表れてしまいます。

しかし、調和と英知を持って、潜在意識の力を建設的に、正しい方向で用いれば、それは健康、幸福、平和、繁栄など、ポジティブな形となってあなたを満たします。

自然の力に悪は存在しません。それをどう使うかによって悪が生まれるのです。

「悪魔」とは、いわゆる「悪霊」とか「悪鬼《あっき》」を指すのではなく、憎悪、嫉妬、敵意、恨み、悪意、復讐心など、人の心に宿る悪の精神を意味しているのです。こうした心の状態こそが〝悪魔に取りつかれた状態〟なのであり、宗教などに登場する「悪魔」は、その宗教が勝手につくり上げた、実体のないイメージにすぎません。

子供にもわかるようにいえば、悪魔とは、無知な人々が勝手な思い込みで歪めてしまった、潜在意識のことを指しています。寓話や童話に登場する悪魔は、無知な思いを擬人化したものであり、いうまでもなく、実存するものではありません。

つまり、悪魔とは、表面的なことに惑わされて真理を見失ったり、判断を誤ったりしている人を指しているのです。たとえば、病院に難病の友人を見舞うとき、自分が同じ病気になったらどうしようなどと不安になっていたとしたら、その否定的な思いこそ、あなたに襲いかかる悪魔になるのです。

あなたの中の「潜在意識」はつねに完璧で、いつも汚れも傷もない絶対的なまでの完璧さを備えていなければいけないのです。

人は力を崇拝します。そしてひとたび力を得ると、どういうわけか絶対的な権利を手にしたような気になってしまい、力の真の根源を忘れてしまいます。どんな場合も、あなたの内なる潜在意識に、心からの忠誠と誠意を向けていなければなりません。

潜在意識こそ、あらゆる幸せの根源であり、あなたのよりどころであり、あなたを守るものなのです。

この「二人の盗人《ぬすびと》」の犠牲になるな!

幅二メートル足らずの板でも、床の上に置いてあれば、何のためらいもなくその上を端から端まで歩くことができます。しかし、それが地上十メートルの高さで、家と家の間に渡してあったとしたら……。

その上を歩けといわれたら、二の足を踏むのではないでしょうか。そこに立って下を見下ろせば、板の下には何の支えもないという想像力のささやきが聞こえ、たちまち不安になります。このとき、あなたは想像力に負けているのです。

あなたが、理性や意思の力で無理に何かを思い込もうとするとき、そこには反作用の法則が働いています。なぜなら、口では「健康になろう、強くなろう、金持ちになろう」といいながら、心の中では「私は病人だ、私は弱い、私は貧乏だ」といっているのと同じだからです。

もしも、心の中で「まぐれということもあるから、一応やってみるか。しかし、多分駄目だろう。まだその時期ではないかもしれない」などと思っていたら、そういう気分や気持ちは必ず、失望、欲求不満、挫折といった形で現実のものとなってしまいます。

あなたの潜在意識はレコーダーのようなもので、あなたが命じたことをすべて記録します。目標に意識を集中し、生命を吹き込みましょう。あらたな気分をよみがえらせ、あたかもそれが現実であるかのように実感するのです。そうすることによって、古いあなたは死に、新しいあなたが生まれます。

覚えておいてください。私たちはつねに、二人の盗人の間に、はさまれています。過去と未来という盗人です。どちらを気にしていても、何も成し遂げることはできません。

多くの人が、何年も昔の心の傷や怒り、恨み、喪失を忘れられずにいます。また、未来に不安を抱いて生きている人々もたくさんいます。老い、病気、不確かな老後、死などに脅えて生きているのです。

あなたが求めているよいものは過去にもなく、未来にもなく、すべて、いま、ここにあるのです。潜在能力のおかげで、あらゆるもの、あらゆる状態は求めれば、即座に手に入れられます。

心に浮かんだイメージは、現実のものとして認識しなければいけません。それは心理的には事実なのです。しかし、それを具体的に現実的なものとするためには、あるいは現実の世界で実現させたいと願うなら、まず、それを強く感じ、もしくは創造的な気分に心をゆだねて、必ず実現するという確信を持ちつづけることが大切です。

これでムダな努力、才能の浪費が一切なくなる！

潜在意識の偉大さについては、すでに十分わかっていただけたことでしょう。信念を持って潜在意識に働きかければ、不可能は可能に変わるのです。

では、どのようにすれば、信念をより強固にすることができるでしょう。信念を強固なものにするためには、強い意思の力が必要だと今も考えているなら、あなたはまだ私のいうことを本当には理解できていません。

信念を強化するには、努力や才能など、一切必要ありません。ただ、よい結果をイメージすればいいのです。

自分の願望を図形化する。具体的な形のあるものをイメージする。それも、願望が達成され、望んでいたとおりの結果が出た様子をありありとイメージする。それだけで、あなたの願いや信念はすっかり補強され、かつてないほど強固なものになっています。

最近では、想念を具体的なイメージにすることの効果が広く知られるようになり、スポーツ選手なども、バッターボックスに立つ前に、満塁ホームランを飛ばしてホームインする様子をイメージする、という人が増えてきました。

オリンピックのマラソンで金メダルをとったある選手も、トップでスタジアムに帰ってきて、白いテープを胸で切る様子をイメージしながら、四二・一九五キロを走ったと述べていました。

アスリートだけではありません。あるビジネスマンは、巨額の投資をする前には、いつも一人で山荘にこもり、心を落ち着け、投資効果が表れ、事業が成功した様子を想像してから、決定書類にサインするといっています。

このように、成功者たちは、意識するしないにかかわらず、自然に潜在意識と想像の強い連携を知っており、それを強化して不動のものにし、確実な成功をつかみとっているのです。

彼らにできて、あなたにできないということはありません。

あなたも、何であれ、自分が達成したいことを思い浮かべ、それが成功し、よい結果をもたらす様子を、できるだけ具体的に、ありありとリアルに想像してください。

想像は創造力につながり、潜在意識にそれを伝えます。潜在意識には無限の力が備わっており、どんなことでも必ず実現してくれます。

まず、想像すること。それが成功の第一歩だというのは、そういうことを意味しているのです。

第4章

ベストパートナーと「最高の関係」をつくる黄金ルール

愛とは、健康、幸福、富、成功の法則を
実行することである。
愛とはすべての人に対する好意であり、
他人のために願うことは、
あなた自身のために願うことなのである。

理想の人の心をつかむ「牽引《けんいん》の法則」

理想のパートナーと出会いたい……。ある意味で、これは人生最大の願いの一つです。

巡り合うパートナーによって、人生は大きく左右されるからです。

理想のパートナーと出会うために、毎日、ちょっとしたことを実行してください。夜、寝る前にソファーに腰を下ろし、あるいはベッドに横になって目を閉じ、緊張をほぐし、心身をゆったりとくつろがせ、静かに、すべてを受け入れる精神状態を整えます。そうした上で、自分がパートナーに求める、尊敬すべき性質や姿、形の特徴などを、心のスクリーンに描き出すように思い浮かべてください。

潜在意識に刻み込まれたものは、すべて実際に体験できます。あなたが好ましいと思う相手がいて、その人をあなたに引きつけたいならば、その人の特徴を、自分の潜在意識にしっかり刻み込むことから始めます。

「私はいま、心の底から正直な気持ちで話しています。私は、誠実で、穏やかで、力を伸びやかに発揮して繁栄しているあの人を、私にぐっと引きつけています。私自身もその人と同じように、誠実で穏やかで、持っている力を伸びやかに発揮し、繁栄しようとしています。私の尊敬してやまないあの人と共通するさまざまな特徴が、いま、私の潜在意識に刻み込まれつつあります。やがて、こうした特徴は確実に私の一部分となって、潜在意識の中に定着しつつあります」

さらにつづけて、こういってください。

「牽引の法則というものがあり、これには誰も抵抗できません。その法則によって、私は好ましいと思うパートナーを自分にしっかり引きつけることができると確信します。潜在意識が本当だと感じることは、必ず、現実のことになります」

このようにして、あなたが求めるパートナーを自分に引きつけている様子を、あなたの潜在意識の中に吹き込んでください。

毎日、こうした習慣を繰り返しているうちに、あなたは、心底願った特徴を持つ人を自分に引きつけていきます。その人もあなたに引きつけられることを、心の底から喜ぶはずです。

潜在意識は、あなたとベストパートナーの出会いを予期しない形で用意してくれます。これは、あなたにとって運命としかいえない、けっして変えることのできない流れになります。

さらに、あなたの愛と献身と協力、それも最高の形、最善のものを理想の人に与えたいと強く願ってください。これはあなたの潜在意識が、相手に与える愛の贈り物となります。そして、それはやがて、あなたに対しても愛の贈り物として返ってきます。

理想のパートナーのイメージを潜在意識に向かって語るときは、できるだけ具体的に、細かな特徴までリアルなイメージを語りかけましょう。

そうすれば、その言葉どおりの、あなたが願ったとおりのふさわしい人が、あなたの前に現れます。そして、その人は吸い込まれるようにあなたに引きつけられていきます。

この方法なら、あなたの「ベストパートナー」が必ず見つかる！

ロンドンに行ったとき、一人の女性が私に面会を申し込んできました。彼女はある大きな会社の総務部長の秘書をしているそうです。

「私は部長に恋しています。彼には奥さんがいるし、四人の子供もいます。でも、そんなことはかまいません。彼には奥さんと別れる気はないようですが、私はどんなことをしても彼を自分のものにしてみせます」

彼女は、自分の目的を達するために、本気で部長の家庭を破壊しかねない雰囲気でした。そこで、私は次のように説明しました。

「あなたは、本心からその部長を求めているわけではありませんね。あなたの心の奥深くにあるのは、誰でもいい、誰かと結婚したい、子供が欲しい、誰かに愛され、かわいがられ、安楽に暮らしたいということでしょう。

しかし、あなたには、あなたにふさわしい、自由な立場の男性を引きつける魅力がありますよ」

「もちろん、ことによれば部長を奥さんと別れさせ、あなたのほうへ引きずり込むこともできるでしょう。

でも、そうした場合は、将来さまざまな難しい問題が起こってくることは覚悟しなくてはなりません。あなたはどうしても、罪の意識にとらわれざるを得ないのですから。

次のような言葉をご存じでしょう。『あなたは、隣人の妻をむさぼってはならない』『何事でも自分が人々からしてほしいと望むことを、そのとおりにしてあげなさい』

これらは聖書にある言葉ですが、もともと、人生に幸福と成功をもたらすための法則なのです。いまのあなたは、利己主義に陥り、部長を手に入れたいという欲で目がくらんでいる……。ですから、この言葉の真意はわからないでしょう。

あなたの本当の望みを実現するためには、静かに自分を見つめることが必要です」

さらに、私は説きました。

「もし、あなたが部長を奪ってしまったら、彼の家族はあなたのことをどう思うでしょう？　あなたは人からどんなふうに思われる人間になりたいのですか？」

この質問は、彼女にショックを与えたようでした。

そこで、私は彼女に代わってこう答えました。

「本当は、あなたは彼の奥さんや子供たちから、やさしくて正直ないい人だと思われたいでしょう？　だったら、そうしなさい。

心底、彼が必要だ。彼の家庭をメチャクチャにしてでも彼を自分のものにしたい。本当にそうなのかどうか、よく考えてごらんなさい」

私がこういうと、彼女は翻然《ほんぜん》として悟ったようでした。突然、激しく泣き出したのです。涙が収まると、なお、彼女はこういうのです。

「他人の家庭を壊さなくても、理想の夫を見つけることはできるのよね」

私は、彼女の肩に手をおいて、

「そうです。理想のパートナーを得るには、心の底から強く、そう願うことが必要なのです」

というと、彼女は大きくうなずき、共に、確信を持って祈ることにしました。

「私はいま、私と精神的にも感情的にも肉体的にも調和のとれた、すばらしい男性を引きつけています。彼と私の結婚を妨げるものは何もありません。彼は純粋に私に引きつけられてくるのです」

それから少したったころ、彼女は、私の勧めで通いはじめたカックストン・ホールの読書会で若い科学者と出会いました。そして、このすばらしい若者と望んでいたとおりの恋をして、望んでいたとおりの結婚をしました。

彼女は、潜在意識の法則に従って、心の底から願うと、実際にその願いがそのとおりの形で現実になることを身をもって体験したのです。

「マイナスの潜在意識」をプラスに変える言葉の魔法

ある日曜日の朝、講演を終えると、一人の男性が話を聞いてくれといってきました。妻が荷物をまとめて出ていってしまったというのです。書き置きが残されており、それには、「もうこれ以上、あなたが発しているマイナスの振動と劣等意識には耐えられない」と書いてあったそうです。

話をするうちに、彼の妻は博士号を持つ聡明な女性で、専門職に就いて活躍していることがわかりました。彼も、製薬会社で営業マンとしてバリバリ仕事をこなしており、経済的には申し分のない収入を得ていました。

結婚生活にひびが入った真の原因は、自分が妻にふさわしくないという彼の思い込みと、そこから端を発した、いつか妻は、他のもっと優れた男性に引かれていくに違いないという絶えまない不安でした。彼は毎晩そうした焦燥感を抱いて眠りについていたのです。そのため、彼の潜在意識は、彼が命じ、要求したとおりに働いたのです。潜在意識はそれほど忠実なものなのです。彼は絶えず不安を抱くことによって、自らそれを現実に導いてしまったのです。

彼の自己評価の低さが潜在意識にインプットされ、それがそのまま妻にも反映され、彼女は、夫が潜在意識に浮かべていたとおりの行動に出たのです。彼の自己軽視と劣等感、それに加えて、いつかは妻に捨てられるに違いないという潜在的な確信が、潜在意識を通じて妻に伝わってしまったのです。

私は、彼にこう勧めました。まず、妻に電話をかけ、これまでの態度について説明し、すべて自分が悪かったと謝るのです、と。こうして二人は和解し、いまでは二人一緒に祈りのセラピーを受けて、そのとおりに実行しています。

夜、寝る前に、彼は声に出してこう宣言しています。

「私の潜在意識が妻の潜在意識と協調し、私たちは調和と愛と平和と喜びと理解で結ばれます。彼女のことが頭に浮かぶたびに、私はすぐに、心の中で、『君はすばらしい』とほめたたえます。万一、これまでの癖が残っていて、自分は駄目だ、つまらない人間だというような思いが頭に浮かんでしまったら、その場合はすぐに、『私の潜在意識には無限の力が潜んでいる。その力によって、願望、望みは何であれ、絶対にかなえられる』と言葉に出していうようにします」

彼の妻は、毎朝毎晩、潜在意識に向かって、次のような言葉を唱えています。

「夫は無限の可能性に満ちた人です。私は彼の潜在意識に敬意を払っています。私たちは平和と愛と調和と理解で結ばれています。彼の知恵と真理と愛はどんどん豊かになります。昼間、彼のことを思い出したら、私はすぐに『彼の潜在意識の無限の力が、彼をこよなく満たしている』と言葉に出していうようにします」

真の愛とは、相手に持てるものをすべて与えようとする抑えがたい思い、衝動です。

夫婦がともに、生命愛、真理、美を互いに惜しみなく与え合うなら、結婚生活は時とともに幸せなものになり、輝きを増していきます。愛はあらゆる問題を解決する鍵です。愛はどんな悩みも解放し、どんな苦しみも癒します。

嫉妬心があると、せっかくの「無限の力」も働いてくれない!

「嫉妬に憑かれた男には、空気のように軽いものでも、聖書の言葉のように重みを持って感じられる」（シェークスピア）

「嫉妬は拡大鏡と同じだ。嫉妬にかられた目には小さいものも大きく、小人も巨人に見え、疑わしいことも真実に見える」（セルバンテス）

「嫉妬は傷ついた恋人の地獄」（ミルトン）

「恐ろしいのは嫉妬です。それはまなじりを緑の炎に燃え上がらせた怪獣だ、人の心を餌食《えじき》にし、苦しめ、もてあそぶのです」（シェークスピア）

また、ラ・ロシュフコーはいっています。「嫉妬も、理にかなった健全な感情といえないことはない。なぜなら、嫉妬は、自分のものだと信じているものを、確実に手元に置いておきたいと願う強い気持ちから発するものだからだ」

嫉妬や羨望は、人生を思いもかけない方向にゆがめてしまう感情です。私たちはよく、他人の成功や業績、金銭上の利益などを妬みます。嫉妬心の強い人は、疑いや不安、競争意識や裏切りに悩まされます。ちょうど、恋に身を焦がす人のように。

たとえば、あなたが昇進や昇給を望んでいたとします。そこで、あなたが、「上司は自分より、仲間の彼をより高く評価している。彼さえいなければ私は昇進できるだろうし、もっと給料も上がるはずなのに」と思い、彼に嫉妬し、羨望の思いで見たとしたら、その瞬間、あなたはその上司を、まるで全知全能の力の持ち主であるかのように崇《あが》めてしまったことになります。

いや、実際、あなたは上司を絶対的な力の持ち主と認めてしまい、自分の中にある、すべての幸福の源である、ただ一つの根源となる力、潜在意識の力を自分で否定してしまったも同然なのです。

潜在意識はあなたの気持ちが分裂していることを悟り、その状態のままではあなたの願望に応えてくれません。あなたの心は定まらず、グラグラと揺れ動いています。

一方では、潜在意識が無限の力を与えてくれる、潜在意識の無限の力が、私の必要なもののすべてを満たしてくれるといいながら、一方では、上司が同僚の彼に目をかけ、自分を昇進させてくれない、給料を上げてくれないと嫉妬し、上司を恨んでいるのです。こんなあなたでは、潜在意識が何も応えようとしないのも当たり前です。

自分を他の存在と比較するのは最も無意味です。いかなる人にも場所にもモノにも、けっして支配されてはなりません。

嫉妬したり、羨望したりすることは、あなたの内なる力をみすみす外の対象に譲り渡すのと同じなのです。ひたすら、あなたの内なるただ一つの力、潜在意識を信じることです。そうすれば、潜在意識の力は必ずあなたの願いと信念に応えてくれます。

「愛しているから嫉妬する」の嘘

ある男性は、「私はけっして嫉妬などしません。もともと嫉妬するタチではないのです」といっていました。しかし、実際はまったく逆だったのです。彼は私立探偵を雇い、婚約者の行動を毎日調べさせていました。それを知った彼女は婚約を破棄し、二度と連絡が取れなくなってしまったそうです。当然の結果というべきでしょう。

私は、つねづね、女性に対してこう話しています。

「男性の言葉をあまり信用してはいけません。それより、行動を見なさい。行動を見れば、何を考えているかわかります」

この男性は、「私は嫉妬しない」という、口とはまるで裏腹の行動をとっていました。嫉妬が彼の感情の自由を奪い、長所を封じ込め、人生のあらゆる局面で彼の願いがかなうのを妨げてしまっていました。

嫉妬は「まなじりを緑の炎に燃え上がらせた怪獣」なのです。

私が話をしたことをきっかけに、彼は自分が異常な嫉妬心を抱いており、それはほかでもない、自分自身の劣等感や自信がないことなどから生まれた感情だと気づきました。嫉妬は不安の産物です。愛は不安を蹴散《けち》らします。しかし、不安は苦しみを生み、嫉妬はメラメラと燃え上がり、愛を焼き尽くしてしまう炎となります。

もし、男性が女性を本当に愛していたら、愛に反するようなことはけっしてしません。子供が母親の目の中に愛情しか見ないのと同じように、彼も彼女を絶対的に信頼します。彼は、愛する女性に最高の状態であってほしいと望み、幸せそうで、うれしそうで、自由に自分自身を思いきり発揮している姿を見て、心の底から喜ぶはずです。真実の愛は、嫉妬とも独占欲とも疑いとも無縁です。

愛からは脅迫的な感情も生まれません。

「私を愛しているなら、タバコをやめてくれるはず」とか「肉ばかり食べるのをやめてくれるはず」などと考えるのは、まったく愚かでばかげています。愛は禁煙とも菜食とも禁酒とも、何の関係もありません。愛は相手を解放し、その上、ひたすら与えるものです。

この男性は、彼女と結婚できるようにと潜在意識に向かって願望するようになりました。彼は、彼女の人格と結ばれたいのだということ、また、自分が欲しいからといって、必ずしも与えられるとはかぎらないことを悟りました。

手に入れることができるのは、自分の心の中で確立できたものだけです。心の中で自分のものとしてはっきり認識できたときに初めて、それは現実の形あるものとして、彼の手に入るのです。

彼は、毎朝毎晩、潜在意識に向かって、こう断言するようになりました。

「無限の力が、私の心とぴったり調和する女性を私のもとに連れてきてくれます。それは絶対的な愛によって導かれる行動です。その女性と私は、互いに愛し合い、解放し合い、尊敬し合います」

やがて彼は、弁護士の秘書をしているすばらしい女性と知り合い、二人は完璧に調和しました。彼女のことが頭に浮かぶと、彼はいつも「私はあなたを心から愛し、尊敬しています」と言葉に出していうだけ。もちろん、探偵を使って行動を調べるというようなばかばかしいことはしませんでした。

愛があるところ、嫉妬の入り込む余地はありません。二つのことを同時に考えることは不可能なのです。本当に愛しながら、嫉妬することは不可能です。笑いながら、怒ることができないのと同じです。二つの異なるものは互いに反発し合います。愛と嫉妬はけっして共生できないのです。

パートナーを「こうあってほしい人」に変える最短方法

パートナーを変えることはできるのでしょうか。これは、相手そのものを取り換えるという意味ではありません。妻の性格、夫の性格を望ましいものに変えられるか、ということです。結論からいえば、こうした試みは愚かなことです。

人は自分で変わろうとするとき以外は、けっして変われないからです。

夫たるものは、妻を自分のコピーにしようとしてはなりません。へたに彼女を変えようとしても、それは彼女の本質が異質なものに変わることであり、その結果、彼女は彼女でなくなってしまいます。

すると多くの場合、結婚解消ということになってしまいます。妻を変えようという試みは彼女の自尊心を傷つけ、結婚の絆にとって致命的な反抗心や敵対心を起こさせるだけです。

逆の場合も同じことです。ところが、多くの人がこうした試みをしようという思いを心に抱き、実際にこの試みを実践する人もいます。もちろん悪意からではなく、夫婦として、前向きで、建設的な気持ちからではあるのですが。

しかし、実際には、そこから家庭の不和、離婚の序曲が始まってしまいます。

なぜなら、いま述べたとおり、人間はめったなことで変われるものではないからです。変わったと思うことがあっても、それは幻影にすぎません。「三つ子の魂百まで」の言葉どおり、人の気質や性格はかなり早い時期にほとんど形づくられてしまうものです。

だから、結婚したからといって、相手を「変えてやろう」と意気込むのは愚かであり、無謀です。

それでは、相手を変えるのはまったく不可能なことなのかというと、必ずしもそうでもありません。ここで潜在意識の登場です。

たとえばあなたの夫、あるいは妻の気質や性格、それに支配されているように見える日常の思考や行動パターンは、すべて、その人の本質だとはいえません。

それらは、いま表面に出ているだけで、本質の一部にすぎません。

それはしばしば、現実に適応した結果でもあります。稼ぎの悪い、頼りがいのない夫を持った妻が、男顔負けの働きをするのは、現実への適応だと解釈したほうが正しいことがあるものです。

夫の無口で消極的な態度は、ガミガミがなり立てる妻に対する自己防衛であるかもしれません。誰だって、直すべき欠点を数えあげたらきりがありません。それを一つひとつ直しはじめたら、一生かけても時間は足りません。

相手の中に変化を起こすためによい方法とは、欠点を直すのではなく、美点をほめることです。ほめることで美点をより際立たせ、欠点をおおい隠してしまえばいいのです。

人を変えようとするとき、変えるべき点は、概して好ましいことではないはずです。好ましくないから変えようとする。これでは消極的にすぎます。ともかく、欠点を変えようと悪戦苦闘してわかるのは、人は自分で変わろうとしないかぎり、けっして変わることはないということだけです。

パートナーに是が非でも変わってもらいたい点があるなら、相手にそう気づかせ、パートナーが自ら変わろうとするように仕向けることです。

そのための方法は、欠点を指摘したり、非難したり、糾弾《きゅうだん》することではなく、まず、あなた自身が、変わってもらいたいことを自ら実行してみせることです。そうしながら、相手の美点をほめたたえ、その一方で、こう変わってほしいという願望、願いを伝えます。

こうしたやり方は一見、手ぬるく、手間ヒマがかかりそうに見えます。しかし、実際は、これが最短距離なのです。

二人のゴタゴタも、この法則に従って一発解消!

家庭はどのようにして不和になるか、その典型的な例をあげてみましょう。

このカップルの場合、妻はすでに夫を軽蔑していました。妻は人前でも夫にガミガミと文句をいい、夫はそれに黙って耐えていました。しかし、夫はとうとう体の調子まで悪くなり、小言妻にはほとほと嫌気がさして、真剣に離婚を考えるようになりました。

二人は結婚して二十年になります。しかし、二人のゴタゴタは結婚当初から始まっていたのです。私は、二人から話を聞いて、この不和の原因は二人の結婚生活以前に問題があると確信しました。

夫人の話から私が知ったのは、夫人が心底、夫を軽蔑しているのではないということでした。軽蔑している理由は、夫とは関係なく、彼女の成育環境にあったのです。

彼女の母親は家庭に君臨し、夫（夫人の父親）を完全に支配下に置いていました。幼いころから、彼女は、そんな母親を批判的な目で見ながら育ちました。その一方で、父親を「頭が悪く、いい加減で、だらしのない男」と見ていました。ところが成長した彼女は、無意識のうちに、母親と同じ行動をとっていたのです。

家庭不和は結婚から始まりますが、その原因のすべてが夫婦になった時点から生じるのではなく、それ以前の成育環境や性格からくる場合もあるのです。

長い間、夫は妻からのいわれのない侮辱に耐えてきましたが、それもそろそろ限界に近づいていました。夫は彼女の父親と違って、いい加減でも無責任でもだらしのない男でもなかったのです。

こうした夫婦の話を分析した結果、私は夫妻に、「あなた方はやり直すことができます」と告げました。

それから、それぞれに簡単な言葉を教えました。**一日二回、約五分間、鏡の前に立って、自分自身の潜在意識に向かって、プラスの言葉を刻み込む**ようにと指示しました。二人に教えた言葉は、次のようなものです。

妻の言葉。

「私は夫とその親戚に、愛と平和と善意を放ちます。私は夫を愛し、尊敬しています。私たちの関係は日ごとによくなります」

夫の言葉。

「私は妻を愛し、尊敬しています。かつて二人が不調和であったところには調和が、苦しみがあったところには楽しみが、憎しみがあったところには愛が存在するようになるでしょう」

この言葉は二人の潜在意識に浸透していき、やがて、夫妻は、自分たちの潜在意識に刻み込まれた言葉どおりの現実を実現していきました。

家庭不和は、必ずしも家庭を築いたときから始まるものではありません。途中でそれに気づいたら、広い心、深い目でお互いを見て、しかし、変わるのは相手ではなく、自分自身であることを悟ることです。

そうすれば、結局、相手が自分が願っているように変わるのです。

不思議なようですが、この夫婦の場合もたしかに、その原則どおり、夫は妻の、妻は夫の望むようなパートナーに変わり、いまでは、めったに例のないほど深い愛情で結ばれ、すばらしい夫婦になっています。

第5章

この「金庫の開け方」さえ知れば、富はいくらでも手に入る！

「お金と親しくなれば、つねにお金に恵まれる」
という、ことわざがある。あなたは豊かな生活
――幸せで喜びに満ち健康で豊かな、そういう
生活をするために生まれてきた。お金があなた
の生活を循環するように祈ろう。あなたの中の
宝の貯蔵庫にある富を解き放とう。
あなたが必要となるお金はすべて与えられる。

これが人生運、金運を呼び込む「絶対法則」!

数カ月前、一人の男が自分で発明した機械を携えて私のところにやってきました。その発明を製品化し、世に広めるためには、多額の資金が必要だというのです。

私は、誰の中にも、本当にそう望んでいるなら、必要なすべてを提供してくれる絶対的な「心の法則」があると話し、その法則を具現するためには、次のように、絶えず心の中で強く確信することが大切なのだと話しました。

「私の潜在意識の中に潜んでいる無限の英知は、理想的な会社を私に引き合わせてくれる。その会社は、この発明を立派な製品にして広く販売してくれる。そこには相互の満足と協調があり、関係者すべてに利益をもたらす契約が結ばれる」

彼はこれを毎日、祈りのように強く願い、潜在意識に送り届けました。彼の潜在意識は活発に働き出しました。

まもなく、私が講演会を開いているロサンゼルスの会場で、彼はある優秀なビジネスマンに出会いました。そのビジネスマンは彼の発明にたいへん興味を持ち、彼を援助してくれることになったのです。

潜在意識に祈ったことは、こうして必ず実現に結びつくのです。

お金が面白いほど入ってくる「ゴールデン・ルール」

「私は金持ちだ」と繰り返せば金持ちになるわけではありません。それをいうなら、現在進行形でいうほうがいいのです。「何週間も何カ月も、『自分は金持ちだ。自分は繁栄している』と繰り返しいったのに何も起こらなかった」といってきた人がいます。

また、「私は疲れきるまで、『自分は繁栄している』と心の底から肯定しました。でも、事態はかえって悪くなりました」といってきた人もあります。

これはどうしたことでしょうか。

こういう人たちのケースをくわしく調べてみると、彼らは例外なしに、彼ら自身、心の底で、自分に嘘をついていると感じていることがわかりました。

潜在意識はつねに本音しか受け入れないのです。

「私は億万長者だ」と口ではいっていても、心の中で、「だけど私はもっとお金が欲しい。億単位の金なんて、いまの世の中では貧乏に近い」と思っていたとすれば、潜在意識は、口でいったほうではなく、心に思い浮かべた想念のほうを実現させてしまうのです。したがって、口ではしつこいほど「自分は繁栄している」といっているにもかかわらず、実際にはどんどん貧しくなってしまう人も出てくるのです。

そうしたことを防ぐにはどうしたらよいでしょうか。まず、何よりも、けっして嘘をいわないことを誓わなければなりません。

わかりやすい一つの方法に、現在進行形を用いる方法があります。

現在、ビジネスが不振な人が、「私は繁栄している」といっても、それは嘘です。こういう場合は、「昼も夜も、関係のあるすべての分野で、私は繁栄に向かっている。これから繁栄しようとしている」といえばいいのです。これなら、繁栄するのは未来。現在進行形で繁栄に向かっているのは嘘ではなく、いっている本人にも、本当のことをいっていないという罪の意識が残りません。

心がくつろいでいるとき、夜、眠る前、朝、目覚めたときなどに、力まず、ゆったりした気分で進行形の言葉を繰り返すのです。これなら、潜在意識も抵抗なく受け入れてくれます。

砂漠を〝宝の山〟に変えた男の直感力

手元のお金が足りず、収支を合わせるのに苦労している人は、それなりの努力をしなければなりません。だからといって、体を壊すほど働いたり、夜遅くまで働けということではなく、潜在意識に「富についての考え」を深く植えつければいいのです。

人は、潜在意識の中に、あらゆるモノを所有しています。あなたが一日に十四時間から十五時間働いたとしても、あなたの心が生産的でなければ、その労働は徒労に終わるだけです。

求めるものはすべて、あなたの中に存在しています。あなたの潜在意識には、無限の知性とかぎりない知恵、全能といってもいい力が備わっています。

あなたが潜在意識と波長を合わせ、いま必要としているものを心底望めば、何であれ、望むもの、必要なもの、すべてを自分のものにできるのです。

近所に住んでいたある男性が、五年ほど前に破産してしまったときのことを話してくれました。

破産のどん底で、彼は、ただ黙って自分の心を見つめ、潜在意識の中から創造的な思いが浮かび上がって彼を次のステップに導いてくれるのを、じっと待っていたのだそうです。

すると、ある日突然、思いもよらないことに、砂漠へ行ってみたいという強い感情が湧き起こったのです。彼は、自分のこうした思いに素直に従うべきだと知っており、潜在意識の導くままに砂漠へ出かけました。

砂漠では、とくに出会いがあったわけでも、新しい発見があったわけでもありません。砂漠では見渡すかぎり何もなく、彼は長すぎる時間を持てあますようにさまざまなことを思い、考え、あれこれ思いを巡らせているうちに、ふと、義父に会ってみようかという考えが浮かんできました。

彼が義父に会い、砂漠のすばらしい景観や砂漠に秘められた可能性などを滔々と話したところ、義父はその話を聞いているうちに、彼を砂漠観光のプロモーターにして、新しい事業を起こすことを決意したのです。

それが立ち直るきっかけになって、いまでは彼は自分の会社を経営し、大変な成功を収め、もちろん、億万長者として長者番付に名を連《つら》ねるようになっています。

彼は砂漠で、何をビジネスにしたらいいのか、という直感の啓示を受けたのです。

この直感の機能は、あなたの中にも存在しています。

いまはまだ、あなたはそれを活用していないだけです。

出勤前の〝小さな儀式〟でどんどん金持ちになった証券マン

私は、ロサンゼルスのある証券マンと懇意にしています。彼の得意先にはたくさんの医師がおり、彼らを儲けさせ、それによって彼も大きな所得を得ています。

彼の投資の勧めに従えば、ほとんど損をすることなく、確実に儲けさせてくれるという評判が立ち、彼の得意先リストはどんどん増えていきます。

実は、少し前、私は彼に、毎日こんなふうにイメージする習慣をつけるように勧めたのです。毎朝、出勤前、彼は次のような自分を想像し、具体的なイメージを思い浮かべ、そのイメージを潜在意識に送り込みます。それから出勤するのです。そのイメージとは、

「自分はいま、巨大な資金を持つ資産家と話し合っている。その資産家が、株の売買について、自分の判断を賢明にして適切だと称賛し、大量の株の売買を一任している。そして、思惑どおり、その資産家が買った株はどの株も上がりつづけ、投資した金はさらに膨れ上がっていく……」。

彼の想像は実にリアルで、資産家との会話が耳元で聞こえてくるほどです。それほど生き生きと想像を思い描き、その映像をビデオのように動きを添えて、音声もつけて、自分の潜在意識に定着させるように努めたのです。

想像上のこの会話は、健全な投資をしたいという彼と彼の得意客の目的と、ぴったり合致しています。

「私の仕事は、お客様を儲けさせることです。私のアドバイスで、お客様がどんどん金持ちになっていくのを見ることなのです」

彼はこういっていました。

得意客を儲けさせることによって、彼自身も予想以上の利益を得ています。しかし、それはあくまでも結果であって、彼が潜在意識に願望しているのは、純粋に、得意客を儲けさせたいということだけです。

相手が喜ぶことを一緒に喜んでいると、その結果、心の法則が働き、自分自身にも喜びが運ばれてきます。心の法則とは、これほどはっきり働くのです。

「生産的なヒラメキ」が降りてくる決定的な瞬間！

ある実業家が、直感を得るためにどんなふうにしているかを話してくれたことがあります。この実業家は、本名を明かせば誰もが知っている大企業の創業者です。彼は、ほんの小さな企業を起こし、一代で、その企業を世界規模の大会社にのしあげた大実力者です。彼がしていることは、一見、きわめて簡単な方法です。

彼は早朝に出勤して自分の部屋に入ります。他の人たちはまだ出勤していないので、静かで、誰にも邪魔されません。彼は椅子に腰かけると目を閉じ、心の中を見つめるように瞑想します。瞑想しながら、潜在意識が何か意見を出してくれるのをじっと待つのです。

こうして彼は、心の中に、平和で、力と確信に満ちた雰囲気をつくります。そうした雰囲気に満たされたことを実感すると、彼は次のように自分自身に話しかけます。

「私には、何でもできる力が備わっています。いま、ここにある問題に対して、一番いいアイデアを示してください」

それから彼は、**最上の解決方策が見つかり、しかも、それは彼自身で考え出したものであるという様子を思い浮かべます**。想像の中で、「答えは見つかった。自分自身に感謝する」といい、その答えこそ、ベストなものだと確信するのです。

毎朝、この瞑想をすませてから、彼は忙しい仕事にとりかかります。すると、彼がその問題について考えていないようなときに、想像していたとおり、最上の解決策やアイデアがヒョコッと急に浮かんでくるのです。

「どんな難問に突き当たった場合も、こうして朝を過ごすと、一番いい答えが突然、電光のように、何の前ぶれもなく出てくるのです」

と彼はいっています。また、

「仕事上の問題解決のためのアイデアがひらめくのは、いつもあまりに突然で、自分でも驚いてしまう」

ともいっています。でも、こんな驚きなら何度経験しても悪くはありません。

すべて「原因自分説」でものを考え、行動する

管理職といっても、まだまだ地位の低い男性から、こんな不満を打ち明けられたことがあります。

副社長が彼の昇進を邪魔しており、そのために、これまでに二度も昇格のチャンス

を見送ることになったというのです。

私は彼に、自分の昇進を決めるのは自分自身だと説明しました。誰でも、昇進、発展、達成、向上を強く願えば、その人の中にある潜在意識の、つねにより高いレベルを求める生命真理と同調することができ、その願いは必ず実現するのです。

マルクス・アウレリウスは「あなたの考えを揺るがすな」といっています。この管理職の男性は、自分の内に潜む潜在意識の力を信じないで、他人のせいにすることによって、その力の作用を他人に譲ってしまっているのです。彼は、副社長には、神のような絶対的な力があるとでも思っているようです。

副社長が自分の昇進を妨げているなんて、自分の会社の副社長を、自分に内在する潜在意識の無限の力よりも、もっと偉大な存在であると宣言したのと同じことです。

しかし、彼は私の言葉を聞いて、自分がいかに愚かな考えを抱いていたかに気づきました。

そこで彼は、自分の潜在意識に向かって、確信を込めて、次のように断言しました。

「昇進は私しだいなのだ。向上するのも私しだいだ。どの方向へ発展するかも私しだい……。

無限の英知が私を導き、指示を与え、新しく発展するために扉を開いてくれる。そこで私は最高の自分を表現し、努力を補ってあまりある、驚くべき報いを得ることになる」

彼は一日に何度も、四、五分かけてこの真理を唱えつづけ、それを心の中でけっして否定しないよう気をつけました。

さらに、会社の社長から「すばらしい業績を上げ、会社に貢献してくれた」とほめられている光景を強く想像しました。

この心に描いた情景と、毎日唱えつづけた言葉が潜在意識に植えつけた効果とが合致して、一カ月後、彼は社長室長に抜擢されました。

彼は、すべては自分しだいであると考え方を改めた結果、すべてが変わったことを痛切に実感したのでした。

一見「人のため」こそ「自分のため」に!

この管理職の男性が翻然として悟ったように、いまの自分の状況は、すべて自分しだいなのです。自分が原因で起こった状況にほかなりません。

副社長のせい? 上司のせい? 女房のせい? そんなことをいっている間は、あなたの人生は本当に自分のものになっていないのです。自分の人生を他人にゆだねて平気だというなら、自分自身に対して不誠実で、無責任だといわれても反論の余地はありません。

あなたの人生をプログラムするのはあなた自身です。他の人には絶対にできないことなのです。

あなたの妻や子供に対してだって、同じです。すべての人は、自分の人生を自分が願うまま、思いどおりにプログラムし、その実現を願って毎日を過ごしています。

ある先生は、生徒に対して、「あなたはすばらしい生徒だ。きっと偉大なことを成し遂げると期待している。あなたは輝く才能を持っており、大きな未来が開けている。あなたのことを信じている」というふうに語りかけ、生徒は必ず、それに応えてくれることを祈っているといっています。

こう聞くと、この先生は、自分のことはどうあっても、生徒のためにすべてを捧げ、祈念《きねん》しているように受け取れますが、実はそうではないのです。この先生は、こうして生徒のことを祈ることによって、結果的には自分の思いどおりの人生を手に入れているのです。

自分が教えたことを、生徒たちがぐんぐん吸収してくれる……。これほど、生きがいを感じ、先生として充実感を味わえることはないでしょう。しかも、この先生が勤務しているのは受験のための予備校なので、教えた生徒の成績が上がり、受験の結果がよくなるほど、報酬も高くなる決まりなのです。

結果的に、この先生は予備校一の人気講師と呼ばれるようになり、誰よりも高い報酬を手にするようになっています。

この〝心の高揚〟が明日の奇跡を約束してくれる

何カ月か前、私はカリフォルニア州のラグナ・ビーチで、富の法則について講義したことがあります。講演の後、一人の男性が、わざわざ私の滞在しているホテルにやってきました。何としても私の助言が得たいということでした。

彼はひどく狼狽《ろうばい》していました。膨大な借金をかかえてしまい、生命保険を抵当に入れなければ銀行の返済をクリアできず、すべてを失ってしまうといいます。すでに返済は三カ月分も滞っていました。彼の財布はもちろん、金庫も空っぽだったのです。

彼は私に尋ねました。

「さきほどの講演で、つねに豊かに満ち足りていると想像しなさい、そうすれば、必要なお金は必ず手に入るといっておられましたが、私のような一文なしの人間が、どうしたら豊かに満ち足りているなんて想像することができるでしょうか」

私は、**すべての問題には解答があり、あらゆる困難にも解決がある**のですよ、と話しました。そして、まず、自分自身を信じることだと述べました。自分自身を信じるとは、いうまでもなく、自分の潜在意識には無限の力があると信じることを意味しています。そうすれば、どんな問題も解決されるのだと答えました。「あらゆる力は自分自身の中にある」という絶対的に不動の信念を持つことです。

その上で、自分の欲しいもの、望むものをはっきりイメージし、それを現実的に、リアルに感じとらなければなりません。こうすれば、潜在意識はそのリアルなイメージを尊重し、正当化し、実現してくれるのです。

富、健康、心の平和、成功などは、すべて心の状態にすぎないのだと説明しました。**心に強く願ったことは必ず現実になる。**こうした心の法則があることを伝え、その法則を正しく適用するためには、正しく考え、正しく感じ、正しく想像することが大事なのだと話しました。

彼は、考え方を変えることによって問題を解決し、自分を救うことができるということを理解しはじめました。

私は彼に、毎日、暗い憂鬱《ゆううつ》な気分でいてはならないこと、そうした気分を追い払う方法として、彼の潜在意識を活性化し、驚異的な力を発揮させる言葉を、一日三回唱えることを勧めました。その言葉とは、「自分は富に恵まれている。自分は成功する。自分は勝利する。そして歓喜している」というものでした。

彼は非常に素直で純粋な人で、さっそくその日から、一日に三回、しかも、それぞれ三十分ほどたっぷり時間をとって、これらの言葉を声に出して唱えました。一語一語、持てるだけの熱情と感情を込めて口ずさみました。

しだいに心が高揚してくるのがわかりました。彼は、これらの言葉を真剣に唱えると、潜在意識が活性化されて、そこに内在する力が生き生きと発揮されることを実感したのです。

自分の潜在意識が実在すること、その原理が体感できることを心底理解するようになると、さらに彼は進化し、言葉の本質に対応する外部条件や境遇が、心の空間のスクリーンに映像として映し出されることを実感できるようになりました。

こうして三週間が過ぎたころ、何人かの親しい友人たちが、頼みもしないのに、「当座の必要にあてててくれ」と数千ドルも用立ててくれたのです。このお金で、とりあえず銀行にたまっていた借金を清算し、彼はようやく借金の重みから瞬時、解放されました。

さらに一カ月が経過しようとするころ、突然、もっと完璧な解決がやってきたのです。友人たちの一人が、彼にアイルランド競馬の馬券を一枚贈ってくれました。

驚いたことに、その馬が優勝して、信じられないほどの大金が転がり込んできたのです。その金額は、彼のすべての借金を清算して、なおあまりあるものでした。

彼の潜在意識は、ちゃんと答えを知っていたのです。彼が、自分の内なる潜在意識の力を全面的に信頼した結果、その信念に応じたものが与えられたのでした。

「欲しいだけのお金」を確実に手に入れるシステム

誰もが富者になることができます。なぜなら、それは当然の権利だからです。私たちは必要とするものすべてを提供されるという、大自然の力に守られています。

しかし、たわわに果実が実っていても、それをとる方法を知らず、とる気もないならば、絶対に食べることはできません。富も同じです。

富に興味を抱かず、あるいは初めからあきらめていたのでは、あなたの手には届きません。反対に、自分には富む権利があることを知り、それを正当に要求するなら、富はあなたのものになります。

富を引き寄せる唯一のたしかな方法は、潜在意識を活用することです。宇宙に法則があるように、富を得るにも法則があります。その法則の第一は、「自分は豊かになるように生まれついている」と信じることです。

誰もが、富を得るためには努力したり、行動することが必要なのだと思うでしょうが、そうではなく、その前に自分には富む権利があることを自覚することのほうが必要なのです。

一定の年齢に達すれば選挙権が与えられるように、私たちは誰でも、富裕になる権利を与えられているのです。

つねに「荒野に池を見る」発想で生きなさい

十年ほど前、私はある人からアップル・バリーの土地を購入しました。私に土地を売ってくれた人はその一帯の大地主です。しかし、彼は代々その土地の人だったわけではなく、一九三〇年代の恐慌のさなかにその一帯の土地を買ったのだそうです。

土地を買ったきっかけは、次のようなことでした。

彼は妻とともにネバダへ行く途中、車を走らせているうちに広大なアップル・バリー砂漠を通りかかったのですが、ふと、妻にこういったのです。

「きっと、いつかここに町ができるだろう。人がこの砂漠に移り住むようになり、家を建て、会社を興し、学校や病院を建てるだろう。いまはこの一帯は政府の土地だ。だが、買う方法はあるはずだ。よし、六百エーカー（約一・六キロ四方）買おう」

そのときの土地価格は、一エーカー当たり二ドルでした。しかし、いまや、一エーカー当たり四百ドル、いや、それ以上で売買されています。一エーカー当たり二ドルの投資をして、彼は巨大な資産をつくり上げたのです。

もちろん、アップル・バリー砂漠を通りすぎた人は無数にいます。彼らがそこで見たものはただの砂漠でしかありません。そうした中で、なぜ、彼だけが、この土地に巨万の富が眠っていることに気づいたのでしょうか。

聖書にも、次のような一文があります。

「私は荒野を池となし、乾いた地を水源にする」

荒野に池を見る……。それができたのは、彼がつねづね、心の底から「富を得たい」という叫びを潜在意識に届けていたからなのです。こんなふうに願ったところで、その願いがかなえられるはずはない。もし、願っただけで夢がかなうなら、世の中から貧乏人は消えてなくなるはずだ。潜在意識に願望を届けるとき、ほんのひとかけらでも、こんな思いが潜んでいたとしたら、夢は絶対にかないません。

この男性は純粋に、誠実に、そして一生懸命、心底、富が欲しいと願ったのです。

彼と、ただ砂漠を通りすぎていってしまった数多くの人たちとの違いは、ただその一点だけです。

あなたが心の中にもっていて使っていない「お金を引き寄せる磁石」

数年前、私のラジオ番組を毎日聞いていたというあるセールスマンが私の講演に出席し、私にこう尋ねました。

「どうしたら年収を五万ドルにすることができるでしょうか。私には妻と三人の子供があり、いつもやりくりが大変です。生計を立てていくために、現在は妻も働かねばならない状態です」

多くの場合、話しているうちに解決の糸口をつかむことができるものです。

私は彼に、心の中に豊かな考え、豊かなイメージ、豊かな気持ちを抱くことが、富に至るための最重要事項なのだと説明しました。そのような心の状態になって初めて、いままでは何かが欠乏したり、限定されたり、拘束されたりしていたために触れることができなかった富の本質につながりを持つことになるのです。

私は、彼にまず、心に豊かなイメージを描くことから始めるように勧めました。

彼は、宇宙の心にしても人の心にしても（実際、人の心は宇宙の心の一部です）、まず心の中にイメージすることが、心の中にあるものをすべて表現するための方法であることを初めて知ったようです。

結果的に、彼は、自分にとって最も大切なことは、自分が描くイメージと潜在意識とを通じ合わせることであり、そうすることによってアイデアを客観化できるという究極の原理を知ったのでした。

彼から最近届いた、私宛ての手紙を紹介しましょう。

「マーフィー先生、先生とお話ししてまもなく、私は毎朝、鏡療法を行うことにして、それを三カ月間実行しました。朝、ひげそりの後、鏡の前に立ち、心からの確固たる声でゆっくりと、またきっぱりと自分に向かっていいきることを習慣にしたのです。『ジョン、よくやった。すぐに年収が五万ドルになるぞ。お前はすばらしいセールスマンだ』と。

これを毎朝十分以上、繰り返しました。先生に教えられ、こうすればやがて私の潜在意識に五万ドルと同じ価値を持つ豊かな気分が育まれていくこと、そして、具体的な金額を心に植えつけることによって目標が明確になり、成功を勝ち取ることができることを知ったからです。

この日課を始めて数週間後のある日のこと、営業部の会合で、私は思いがけず壇上に引っ張り出されてスピーチをすることになりました。私はここぞとばかりに、日ごろから、私が思い描いていたセールスプランを話しました。それは、それまでのセールス法を根本から変える、画期的なアプローチ法でした。

すると、翌日、副社長に呼び出され、私は新しく開拓することになっていた地域のマネジャーに抜擢されたのです。ここで思う存分、私が考えた新しいセールス法で腕をふるってほしいというのです。

こうして私は昇進し、さらにうれしいことに、本当にやりがいのある地区を担当することになったのです。契約年収が一万ドルアップしました。これに歩合給が加わり、前年の年収は、本給と歩合給を合わせると念願の五万ドルを超えてしまいました。

先生のおっしゃるとおりでした。

心は、すべての富と豊かさの源です。私の現在は、私の心、私の潜在意識がもたらしてくれたものだと確信しています」

「富の木」をしっかり育てる知恵・力・理解力

人生を決定するのは、あなたの精神的態度なのです。心のありようが、あなたの成功と失敗を決定します。これはあなた個人、あなたのビジネス、あなたの家族、またはあなたが属する事業体、あなたの国……、すべてについて当てはまる真理です。

すべての鍵は潜在意識に潜んでいるのです。潜在意識に向かって、あなたのエネルギーと才能と能力とを解き放ちなさい。潜在意識の力をさらに引き出すために、もっと熱心になり、情熱を燃やしましょう。

そうすれば、あなたは驚くほど高いところまで自分を持ち上げ、スケールアップすることができます。実業界で成功を収めているほとんどの人は、単に、偶然の幸運や、特定の組織体とのつながりがあったからそうなったのではありません。彼らは潜在意識の原理を、知らず知らず、あるいは、十分に熟知して活用した人たちです。潜在意識の力に対して、確信に満ち、進取の気性で潜在意識が持つ永遠の法則を実践して、正確な判断を下してきたのです。

自分を向上させ、平凡でありきたりな日々から脱したいと願うなら、あなたが真に欲するものを潜在意識に向かって強く放つのです。必ず、潜在意識は応えてくれます。心底、欲するものを、日夜、静かに黙考しながら潜在意識に刻み込み、欲するものの揺るがぬイメージをありありと描いてみせるのです。

このようにして、人は誰もが自己を育て、高め、内的な精神性を新たに発見していくのです。

どれほどの困難や、高いハードルに遭遇しても、たじろぐことなく立ち向かっていきなさい。潜在意識を味方につければ、どんな場合も勝者はあなたです。勝利の中にこそ、真の喜びが潜んでいます。

パズルを解くことを考えてみましょう。あまり簡単に解けてしまっては、パズルの楽しみがありません。仕事も同じです。橋梁《きょうりょう》を築くエンジニアに聞いたことがあるのですが、彼らは、数えきれないほどの障害、困難、そして失敗の積み重ねの末に、巨大な橋梁を完成させます。不思議なことに、障害、困難、そして失敗の積み重ねが多ければ多いほど、落成式で深い満足感を味わうそうです。

お金に不自由しない、豊かな人生を送れる子に育てる方法

どんなに小さな子であっても、むやみに人に依存する態度を身につけさせてはなりません。子供がある程度の年齢に達したら、芝を刈ることを教えましょう。レモネードを売る方法など、ちょっとした仕事をして、駄賃をもらう方法を上手に教えなさい。

つまり、子供に勤労の尊さを教え、隣人のために芝を刈ったり、レモネードを売ったりして得たお金は、仕事をよくやって人を喜ばせた結果、自分の心が喜んだのでもらえたのだということを教えるのです。

こうして、あなたの子供には、お金は人が喜び、自分の心が喜んだときに手に入るものだということが刷り込まれていきます。人に奉仕し、人のために役立ったという誇りを持たせることにも大きな意味があります。子供に自信を持たせることにもつながります。

さらに大切なのは、せっかく得たお金を意味のないことに使うのは、お金を手に入

れないことよりもみじめで貧しい結果になると教えることです。

お金は、他人が喜ぶことに使うのが最も正しい使い方であることをしっかり身につけさせるのです。それにはまず、あなたがそうする勇気と習慣を持っていなければなりません。

子供は親を見て育ちます。あなたが日々、潜在意識に向かって正しいことを願い、正しく行動していれば、その子もまた、潜在意識に向かって、絶えず願望し、正しく行動する人になるでしょう。

お金持ちになる究極の法
——とにかく、お金を好きになることだ!

嫌いな人に会いたいとは誰も思いません。相手も自分が嫌われていると知れば、わざわざあなたに会いにくることはないでしょう。

お金もまったく同じです。

仕事を受ける場合も、「お金は二の次。自分はこの仕事が好きでねぇ」などといっているような人には、お金はついてきません。

富を手にする法則の第一条は、とにかく、お金を好きになることです。好きになれば、会いたいと思う。その人のもとに走っていきたくなる。お金もこの気持ちと一緒です。

恋人に出会ってからのことを思い出してみましょう。何とかして恋人に会いたい一念で、あれこれ会うための手段を考えたり、会えないときには、会ったときの楽しいひとときを想像したりして過ごすでしょう。

お金も同様です。まず、お金を好きになり、どんなことをしてもお金に会いたいと思うのです。そして、お金とともに過ごす幸せを十分味わい、手元にお金がないときも、お金とともに過ごした楽しく幸せな時間の記憶を薄いものにしないようにするのです。

「お金に近づく第一歩は、自分には何が必要かということに絶えず思いを巡らせていることです。本当に必要なものがわかれば、それは必ず満たされるからです」

たとえば、こんな例があります。

ある女性が夫に先立たれ、三人の子供をかかえて途方にくれていました。夫は生命保険に入っておらず、貯金はたった五百ドル、しかも夫は事業のために借金をしており、家は抵当に入っていました。葬式費用さえままならず、知り合いに用立ててもらったくらいです。

彼女は何としても、三人の子供をこれから養育していかなければなりません。この女性の前途はけっして明るいものではありませんでした。これから先、どう生きていったらいいのだろう……。

そのとき、彼女はずっと以前に聞いた私の講演のことを思い出したのです。

私はこんなことを話していました。

「あなたが自分の内にある無限の力に調和し、調和している自分を祝福し、その上で、いま、心の底から必要だと思うものを思い浮かべれば、その力は必ずそれを与えてくれ、あなたを励ましてくれます」

彼女は、とにかく、これを試してみようと思いました。いや、それ以上に、彼女はなんとしてでも、お金が必要でした。

彼女はその場で潜在意識に向かって心を澄まし、心の底から真摯にこう願いました。

「私たちは、夫の残したこの家を、どうしても手放したくないのです。ここに住みつづけたいのです」

そして、残された家族が、この家で健康に幸せに過ごしている様子を、心にありありと思い描きました。このところそればかり考えていたので、イメージはすぐに描き出すことができました。

やがて、それまでの不安な気持ちはかき消すようになくなり、穏やかな感情で心が満たされました。そこへ夫の兄がやってきて、未亡人になってしまった義妹にこういったのです。

「あなたが苦境に立たされていることはよくわかっています。その原因は弟の浪費グセもあってのことだということもわかっています。私は兄として、弟の遺族に責任も感じています。これからの生活と子供たちの養育に支障をきたさないだけのものは、私が責任をもって面倒見るから、どうか、弟のことを許してほしい」

彼はそういうと一万ドルの小切手を渡したのです。さらに、それ以後も、毎週一定の金額を受け取れるよう手配したともいいました。

これは、本当にあった話です。私は彼女に、「あなたが真剣に、お金は必要だと願ったために、こういう結果が訪れたのだ」と話しました。

潜在意識の法則を知っていれば、こうした幸運は必然的に訪れます。**幸運も富も、人から与えられるものではありません。自分の潜在意識に無尽蔵な宝庫があり、ただ、そこから引き出してくるだけです。**

ところが、多くの人は、その引き出し方を知らないのです。潜在意識という預金口座を持っていることを忘れてしまっているのです。

潜在意識という宝庫、潜在意識という預金口座を、あなたもたしかに持っている。それを思い出すことが、豊かさに近づく第一歩です。

第6章

これが成功するための約束事!

マーフィー「六つの経験法則」

あなたの考えは創造する力を持ち、すべての考えはそれ自身を実現する力がある。あなたは車を運転するのと同じように、あなたの考えを操縦することができる。考えは「もの」である。

富、成功、達成についての、あなたの考え——イメージは、磁石となって、あなたの考え——イメージに相当するすべてのものを、あなたに引き寄せる。

あの大成功者にしてこの「向学心・向上心」！

「これからは鉄だ。それも銑鉄《せんてつ》や鋳鉄《ちゅうてつ》ではなくスチールの時代だ」

時代を見抜き、仕事一筋に突っ走ったカーネギーは、社会に出て三十年、四十代半ばにして、ついに世界一の製鉄会社をつくった人です。

だが、そのカーネギーにも、五十歳を境に転機が訪れました。仕事の貴重なパートナーでもあった弟、さらには「一生にふさわしい仕事を」と励ましつづけてくれた母を、相次いで失ってしまったのです。つづけざまに起こった悲劇、さらには自分自身も大病に襲われます。

それまで、仕事一筋。他のことには目もくれなかったカーネギーは、ここでようやく伴侶を求める気持ちになったのでしょう。五十一歳にして結婚を決意します。同時に、彼の人生観も百八十度転換してしまうのです。

このころ、友人に送られた手紙には、こう記されています。

「金を握りしめたまま死ぬことは、大変不名誉なことだと思うようになりました」

同じころ、カーネギーはインド、中国などを旅して、妻となる女性にも手紙を送っています。それにはこうあります。

「いま、香港から広東に向かっているところ。いま、私は毎日、孔子を読んでいます。インドでは釈迦《しやか》と仏教を勉強しました。東洋の美徳からは実に多くのことを学んだような気がしています。

いったい、ビジネスとは何なのでしょう？」

実は、カーネギーは若いころ、「願望達成」を教えるニューソートや、私がいま説いているような「成功哲学」の洗礼を受けています。

カーネギーは三十三歳のとき、すでに実業家として地歩を固めつつあった時代に、ロンドンに視察旅行に出かけています。そこで、これからはスチールの時代であることを見抜き、スチール工場に大投資をして、今日の偉大な成功への軌道を歩み始めたのですが、このころの日記には、こんなことが書かれています。

「私はいま、三十三歳にして年収は五万ドルをはるかに超えている。ここ数年、事業を大発展させることだけを願ってきたが、最近は少し心境が変わってきた。しばらく勉学に専念したい。三十五歳で実業界から引退し、オックスフォード大学に留学したい。そして、公共のために何かしたい。貧困にあえぐ人のためになることをして、カーネギーの名を永遠に不滅のものにしたい……」

カーネギーは、すでに二十年近く前から、実業界で富を得ることを人生の目的にするのではなく、得た富を貧しい人などのために社会に還元するという願望を抱いていたのです。

その後も、カーネギーのこの思いが揺らぐことはなかったようです。しかし、相次ぐ戦争、不況……。カーネギーの願望が実現するのは、彼が描いていた人生の計画表からかなり遅れてしまったころのことです。でも、ここが肝心です。**遅れることはあっても、心底願ったことは、必ずかないます。**

五十六歳のとき、カーネギーは、世界一に育てあげた会社を売却し、手にした巨万の富を惜しみなく社会に還元することを決意したのです。その意思は「教育改良財団」「カーネギー研究所」「国際平和基金」「カーネギー財団」などをとおして現在に至るまで受け継がれています。カーネギーによって寄贈された二千八百を超える図書館や美術館も、世界各地に現存しています。

それらのために投じられた金額は、実に三億五千万ドルに達します。この偉業は、カーネギーがビジネスの世界で「世界一の製鉄会社」を実現させたのと同じくらい光り輝く一大事業だといえるでしょう。

いま、カーネギーの名前は、彼のビジネスの功績よりも、カーネギーホールやカーネギー図書館などによって多くの人に知られています。彼は、自らが願ったとおりの方法で、永遠にその名を歴史に刻んだのです。

ダイコンがやがて「ヒロイン」に変身するまでの心の魔術

私の友人であるイギリスの女優の例をお話ししましょう。

彼女は、女優を志したころから自分はこの上なく優れた才能の持ち主だと想像する癖がありました。まだ、ほんの〝ダイコン〟だった時代から、想像の中では、ロンドンを代表する大劇場の舞台に立ち、いつも主役を演じているのです。

結婚した当時、彼女はまだ無名の大部屋女優にすぎませんでした。でも、彼女の夫は、「君はすばらしい。いまに、君の主演映画がヨーロッパ中、いや、世界中で大ヒットするだろう」と称賛するのです。そのたびに、彼女はその光景がありありと脳裏に浮かぶような気がして、実際のその光景を夫とともに話題にのせ、心のスクリーンに映し出していました。

こうして、知らず知らずのうちに、彼女はつねにこの心の中のイメージに絶対の確信を持ち、思いを込め、意識を集中させる習慣がついていったのです。その結果、彼女は文句なしに傑出《けっしゅつ》した女優になり、私もその後、何度となく、すばらしい成功を収めたという手紙をもらいました。

自分が「こうなりたい」という理想の自分像を思い描き、いまに必ずその自分になるのだと、ときには言葉に出していい、そうなった日のことをリアルに実感しはじめれば、事実上、もう、あなたはその人物になりかかっています。個々の人間の心の中で起こっていることは、シェークスピア芝居の登場人物と同じであり、あなたの中に生き生きと根づいているのです。

あなたの潜在意識は、あなたの人生そのものです。潜在意識に映し出された光景こそ、唯一の現実なのです。もし、あなたの日常が、潜在意識に描き出される光景とは違っているとしたら、日常のほうが現実ではないのです。やがて、あなたの日常は、潜在意識の光景そのものに変わるはずです。

つねに、自分が求めているのは何か、はっきり認識しなさい。そして、自分はそうありたいと願い、すでに理想とする自分になっているのだと想像するのです。

その心のイメージを固く信じ、現実の自分として受け入れれば、理想は必ず現実になります。

息子を一流の医者にした親からの「何よりものギフト」

アイルランドに滞在中、ある外科医と出会い、彼と興味深い会話をかわしました。彼はチャーミングな夫人と、その地方を旅行中でした。私たちは心の不思議について語り合ったのです。

彼はウェールズの貧しい炭鉱夫の家に生まれました。少年のころ、友達の眼病が医師の手術によって治り、失明の危機をまぬかれたことに大変感動し、家に帰るとさっそく父親にこういったのです。

「僕は将来、外科医になりたい……」

しかし、外科医になるには医大に進まなければならず、それには莫大な授業料が必要でした。「そんなお金がどこにあるのか！」少年はそんな答えを覚悟していました。そして少年は、「自分で働き、すべて自分でまかなうから、医大に進学することを許してほしい」といいました。

ところが、彼の父親は、こう答えたのです。「お父さんはお前のためにずっと貯金してきているんだ。大丈夫、必要な金はちゃんとあるよ」

外科医はこう言葉をつづけます。

「私は面くらって、父が何をいっているのかわからなかったくらいでした。しばらくしてその驚きとショックがさめると、二人して笑いころげました。父が本当に私に教えたかったのは、必要なときには必要な金はちゃんとあるんだということと、それをとおして、富がもたらす、豊かで、人生の可能性を無限に広げるという感覚だったのだと思います。

実際、父の言葉は私に勇気と信念と確信を与えてくれ、おかげで自分自身を信じることができるようになりました」

実際には、彼は父親のお金を一ポンドも使わずに医大に進学し、優秀な成績を収めたためにたくさんの奨学金を得て、ついには外科医として大成したのです。

いまでは、彼は一流の外科医としてすばらしい名声を得ています。いうまでもなく、収入もその名声にふさわしいもので、休暇には愛する妻をともなって豪華な旅行を楽しんでいます。

彼は、それ以後もどんなことでも願えばかなうのだという信念を揺るがすことなく突き進み、今日の名声を築くにいたったのです。「達成したことはすべて、信念や願望を映像化し、潜在意識に映し出したことの表象にすぎない」と彼は語りました。

彼は、父親からただの一ポンドだってもらわず、経済的にはまったく父の恩恵を受けていません。しかし、「願いはかなうのだ」という何よりのギフトを受け取り、そして、医大で学んでいる間も、父からのその教えに支えられて、ついに目的を果たしたのです。

彼は貧しい学生の間もずっと、お金は必要なだけいくらでもあるという確信を持って堂々と行動しました。そして、そう行動すればするほど、彼は成功していきました。

人生を、成功、成就、完遂《かんすい》、目的の達成などに導く秘訣は、潜在意識の奇跡的な力を発見することにあります。その力は世界中の誰にも備わっており、したがって、この方法論は誰にでも通用するのです。

「感謝」は運や富と〝最高の友情関係〟を結んでいる!

あらゆる精神的、そして物質的な富が人にもたらされる過程は、感謝という一語に要約されます。感謝する気持ちはそのまま、心からの祈りに通じます。感謝する心のある人は幸福な人であり、豊かな人です。

アメリカの著名な哲学者の一人、ヘンリー・ソローは、「われわれは生を受けたことそのものを心から感謝すべきである」といっています。

もしもあなたが生まれてこなかったとしたらどうでしょう？

あなたは美しい日の出と豪奢《ごうしゃ》な日没の光景を見ることはなかったはずです。あなたの子供の愛くるしい目を見ることも、あなたが飼っている犬が主人を慕って見つめる、潤んだ輝く目を見ることもなかったでしょう。また、大自然の驚異的な営みに目を見張ることもなければ、星がきらめく天空の美を見ることもできなければ、人の魂がまわりの人々の心の糧になる感動を味わうこともなかったでしょう。日に照らされて、ダイヤモンドのようにきらきら輝く雪に覆われた山々を見ることもなかったでしょう。愛する人を抱擁するときの、たぎるように熱い思いを感じることもなかったでしょう。あなたを取り巻くさまざまな富を手にすることもなければ、美しい草花や、刈り取られたばかりの、甘い香りを放つ草にも触れることはなかったでしょう。

黎明《れいめい》の美しさを味わえることを感謝しましょう。大空に鳥の歌を聞ける耳を持ち、楽器を奏《かな》でることができる手と、慰めと勇気と愛を人に語りかけることができる声を持っていることに感謝しましょう。

あなたの家族、愛する異性、親類、友人、仕事仲間、同僚たちに感謝しましょう。そして、次のことを絶えず口に出していいましょう。

「私は家族の一人ひとりの幸せを祈ります。私は夫の（妻の）、そして、子供たちの内に潜む、神のような潜在意識の力をほめたたえます。彼らがしているすべてのこと、したいと思っていること、すべてが首尾よくいくことを願います。

私は、与えられた現実のすべてに感謝します。そして、私も、わずかでも人に与えることができることを感謝します。私の協力者と顧客と、すべての人々の幸福を願っています」

このように絶えず感謝を忘れない人。成功者とは、きまってこういう人であるはずです。

感謝は運と富と最高の友情を結んでおり、絶えず一緒にいるのです。**感謝を忘れない人には必ず、仕事が発展し、拡大し、倍加し、増大し、幾千倍にもなって返ってくる日が訪れます。偉大な成功者とは、何よりも感謝を忘れない人をいいます。**

望む地位についたら——ここだけは注意しよう

アメリカ第十六代大統領のリンカーンは、よく知られているように、丸太小屋で生まれました。将来、彼が大統領になるなんて、誰一人、夢にも思わなかったような人です。

しかし、彼は誰にもいわなかったのですが、子供のころから、アメリカをすばらしい国へと導くリーダーになることを一心不乱に願っていました。

その結果、ついに大統領の椅子に座ることができたのです。

在任中も、リンカーンは大統領としての権力を賢明に使いました。実際は、彼の人生の大部分は、周囲の悪意と中傷にさらされていました。エリート出身の高官たちは、当然、彼のような男が大統領になることは面白くなく、あらゆる手段を使ってリンカーンをおとしめようとしたのです。

真の力は自分の中に存在しています。たとえ大統領になったとしても、彼が偉大なのではなく、偉大なのは真理の力です。大統領とは、真理の光と知恵と力を伝える経路にすぎないことを忘れてはなりません。リンカーンは、そのことを実によく自覚していました。

リンカーンは賢明にも、つねに彼の内なる潜在意識の助言と導きに耳を傾け、自分の権力をひけらかすようなことは生涯ありませんでした。目標を実現する力である潜在意識に深い敬意を抱き、生涯、謙虚で親切な心を忘れることはありませんでした。

職場で昇進すると、「さあ、今後、ボスは私だということをみんなに浸透させなくては。自分の力をとことん証明してみせるぞ」などと思う人がいます。

ところが、実際はこんなふうにポストを意識する人ほど、心の中では自分がその仕事に不適任ではないかという不安でいっぱいだったりするのです。自分の中の欠乏感をごまかしたり、埋め合わせるためにことさら権力を振り回したりして、かえってその人の不安や力不足を露呈《ろてい》してしまいます。

多くの人は、権力と地位を手にすると、つい、それを悪用してしまうものです。その権力と地位は自分の力で得たのだと勘違いしてしまい、自分には絶大な決断力があり、けっして間違いを犯すことはないなどと思い込んでしまうのです。しかも、それを行使することを妨げられると、怒ったり、妨げになるような存在を不当に排斥《はいせき》しようとさえします。

しかし、こうした態度の後に待っているのは、激しい後悔です。

たとえ、どんな妨げや障害があったとしても、それを排斥する必要などありません。いらないもの、ないほうがいいものは、必ず消えていくからです。

大成功者たちが例外なく大事にしている「行動リスト」

アメリカで成功した実業家たちのほとんどは、行動リストを持っています。私もそのいくつかを目にしたことがありますが、それらに共通する要素があることに気づきました。

実際に役立つものならば、行動リストはどんな形式でもかまいません。その人自身がこれがベストだと確信できるものであればそれでいいのです。ノートである場合もあれば、卓上のメモ用紙を利用している人もいます。書き留めておけるものであれば何でもいいのです。

なぜ、書き留めることが大切なのでしょうか。その理由ははっきりしています。**書き留める段階で、すでに用件や自分がなすべき事柄を選択し、その優先順位を整理することになるからです。結果的に、行動リストをつくることは、夢の現実に向けての準備を進めることに通じます。**

「私は、手紙を出さなければならない人はグリーンのカード、電話をすべき人はイエローのカード、直接話し合わなければならない人はブルーのカードという具合にカード別に分け、それぞれに話の内容を一言、書き添えておく。それが貴重な時間をムダにしないコツなのです」

パン・アメリカン航空創始者ジャン・トリッペは、とじ込みカードを使って時間を節約するコツを、こんなふうに話しています。

世界有数のフィルム会社として名を馳せたコダック社の創始者、ジョージ・イーストマンは、八歳のときに父を亡くし、十四歳のとき、家計が苦しいために学校をやめざるを得ず、週給三ドルで保険会社のメッセンジャー・ボーイの仕事につきました。

それから五年間、夜間学校で会計学を学びながら、メッセンジャー・ボーイとして仕事をつづけました。二十歳のときに銀行に採用されると、やがて能力が認められて、とんとん拍子に出世の階段を上り、年収も八百ドルと、彼の年齢にしては破格の待遇を得るようになりました。

二十六歳でフィルム会社を設立、四十六歳にして大富豪と、まるでフォーチュンゲームそのままのサクセスストーリーを地でゆく人生を歩みました。彼の行動リストの活用法も、参考になる点をたくさん含んでいます。

イーストマンは社会に出たとき、まず、入ったお金も出ていったお金も一セント単位まで几帳面に帳簿につけることを実行しました。そして、最初の一年で三十七ドル、年収の約三分の一近くを蓄えに回しています。毎日の金銭の収支を記録したこの帳簿こそ、彼の最初の行動リストです。一日の行動を振り返るという意味からいっても、またとないメモだったといえるでしょう。金の出入りをとおして、その日の行動に反省すべき点を見いだせば、翌日からはさっそく改めます。

行動リストをつけると、一日の最後に翌日の行動スケジュールを再確認することが習慣になります。こうして、彼は不要の出費を抑えるトレーニングをごく自然に積んでいったのです。

さらに、時間を節約するためには何をすべきか、何をしたかを書き留めておくことが肝心です。彼は帳簿の数字をチェックするだけで、長々とした文章を書くよりも鮮明に、その日一日の自身の行動を思い出すことができたのです。

彼は、翌日の行動をチェックしながら、それがうまくいく様子を自然に頭の中に思い浮かべるようになっていきました。つまり、潜在意識に明日の成功を刻み込み、そうすることによって、明日の成功を現実のものにしていったのです。

こうして、イーストマンはまたたくまに大実業家となり、多くの仕事をこなすようになりましたが、この金銭出納簿をつける習慣は終生変わらなかったといいます。

もう、おわかりでしょう。**行動リストをつくることは、それぞれの行動がうまくいくようにという願望を、潜在意識に送り込むことと同じ行為なのです。**

成功した実業家たちが、揃いも揃ってこうした方法を使いこなしていたことには驚くほかありません。しかしそれこそが、自然の法則だということを示す事実なのです。

成功者たちは、自分にとって一番やりやすい方法を、ごく自然に選んだだけなのでしょう。そこには、潜在意識の力を前向きに活用する英知が満ちあふれています。

「幸運」はもうひと回り大きな運を連れてくる

ギリシャのアテネの近く、デルフォイで、有名な神殿を訪れたときのことです。私たちのグループについたガイドの女性は、英語、ドイツ語、フランス語を自在に話せるすばらしいガイドでした。しかも、こまやかに神経をくばってくれたので、私たちはとても快適な旅を心の底からエンジョイできました。

すると、グループのある婦人が、彼女の見事な語学力にすっかり感心し、その後に予定していたフランスとドイツの旅行にも付き添って、ガイドをしてほしいと依頼したのです。

この婦人はさらに、自分の三人の子供の家庭教師役まで依頼するようになり、ガイドの女性は旅程を終えた後、ニューヨークに行くことになりました。給料は月四百ドル、食事と個室を提供するという破格の条件でした。それは、ガイドの女性がそれまで得ていた給料の二倍という好条件でした。

しかも、彼女はずっと以前から、アメリカへ行きたい、アメリカへ行って家庭教師をしながら、自分も学ぶチャンスを得たいと、願っていたのだそうです。その夢がついにかなえられたのです。

私がそれとなく尋ねると、彼女は、アメリカへ行くためにもっとお金が欲しいと、毎日、自分が案内する神殿に向かって熱心に祈るようにしながら、小さな声に出して、自分自身にいい聞かせるようにしていたといいます。

彼女のひたむきな願望と信念が、間違いなく彼女の潜在意識を目覚めさせ、ついには現実のものとする力を呼び覚ましたにちがいありません。潜在意識の無限の知恵は、アメリカの裕福な女性と彼女を引き合わせるという方法で、彼女の長年の夢を現実化したのです。

そのガイドの女性は、いまでは著名なジャーナリストとなり、アメリカばかりか世界を股にかけて活躍しています。

経験から編み出した「マーフィー六つの成功法則」

私は、さまざまな経験や実際に起こった奇跡のような事実から、成功の六カ条を確信を持って掲げています。

①物事を肯定的に考える習慣を持つこと。
②あらゆる努力を惜しまないこと。
③明確な目的意識を持っていること。
④自分を信じ、他人の否定的な言葉に惑わされないこと。
⑤失敗を恐れないこと。
⑥想像することが巧みであること。

この六つの項目をすべて満たすことができれば、あなたはほとんど自動的に、といってもよいほどスムーズに成功者への道を歩むことになるでしょう。

この六項目は具体的にどういうことを意味しているのでしょうか。

最初の「肯定的に考える」ということ。これは多くの説明を要しないでしょう。**潜在意識へ送るメッセージとは、肯定的であることが絶対条件**なのです。それが他人のことであっても、です。

ある人は、自分が貧しいにもかかわらず、他人の貧しさを自分のことのように心配しています。しかし、この考えは改めるべきです。心配するのではなく、貧しいことを思い悩むのではなく、自分も彼らも豊かになった情景を思い浮かべなければいけないのです。

どんなことも、否定と肯定の両面から見ることができます。しかし、潜在意識によい効果をもたらすのは、どんな場合も、肯定の視点からとらえたことでなければならないのです。貧しいことを心配すると、かえって貧しくなってしまうこともあるので、くれぐれも注意しなければなりません。

②の「あらゆる努力を惜しまないこと」という項目は、実は案外、間違ってとらえてしまう人が多いのです。**努力を惜しまないといっても、むりやりがんばるのは努力ではない**ことを知ってください。本当の努力とは、意識しなくても、自然にそう努めてしまうことをいいます。

人は心から願うことに対しては、自然に努力できるのです。

③の「明確な目的意識を持っていること」。これは重要です。目的意識がなければ、海図のない海を漂うようなもので、どこへ行き着くか、皆目《かいもく》見当がつきません。

そこで必要になるのが、実業家たちの多くが試みている、**行動リストをつくったり、計画を書き出す**ことです。**書くことによって、目的意識がより明確になる**からです。

④の「自分を信じ、他人の否定的な言葉に惑わされないこと」も重要です。とくに**他人の否定的な言葉には、絶対に耳を貸さないこと**。世間の大半の人々は、むしろネガティブ思考に慣れ親しんでおり、悪意ではなく、ごく当たり前のようにネガティブな言葉を口にします。

ネガティブな言葉に耳を傾けると、その内容に同意したのと同じことになってしまいます。ネガティブな忠告や意見を聞いてしまうと、それを打ち消すのに大変な苦労をしなければならなくなります。ネガティブな言葉の力はそれほど大きいのです。

反対に、どんなに苦しい場合も、ポジティブな表現でそれをとらえれば、事態はやがてよい方向に向かい、思いもかけないほどスッと、楽に、苦難の状況から抜け出すことができます。

⑤は「失敗を恐れないこと」。これは「失敗」とはどういう状態か、ということをよく考えればわかるはずです。失敗とは成就の手前で障害に負けてしまい、目的を放棄し、断念してしまうことにほかなりません。つまり、**自分で諦めてしまわないかぎり、失敗はあり得ません**。すなわち、失敗を恐れる必要はまったくないのです。

⑥の「想像することが巧みであること」は、潜在意識にとってきわめて有効なイメージ作戦です。私たちは心にさまざまな想像のイメージを描きます。**イメージはできるだけ克明でリアルなほうがよい**のです。あなたが、自分がこうありたいと願っているとおりの姿を克明に描き切ったとき、それは現実化に向かって進み出すのです。

成功者は、例外なく、自分の成功した姿のイメージを巧みに描き出し、潜在意識に映し出してみた人たちなのです。

第7章

もっと健康で快適な人生を！

自然治癒力を増強する「マーフィー」の魔術

あなたの体は、あなたが自分の人生を大いに楽しめるように、工夫されてつくられている。この宇宙のすべてのものを、幸福の最後の一滴までも味わえるように――。

こんなところにも「小さな奇跡」の存在が証明されている!

傷や病気を癒す力は、この世にたった一つしかありません。その力はいろいろな名前で呼ばれています。たとえば、神とか自然、生命力、生命の法則などです。

病気や傷を治す治癒力に関しては、まだボンヤリとしかわかっていなかった太古にも、不思議な治癒力があることだけはわかっていました。ある古代の寺院の壁に、こんな文句が刻み込まれています。

「医者は傷に包帯をし、神が患者を回復させる」

しかし、この本をここまで読み進んできたあなたは、もうおわかりでしょう。神とは、あなた自身の中にある「無限の力」のことです。すべてを癒す存在はあなたの中にあり、したがって、あなたの病や傷を治すのは、あなた自身にほかなりません。心理学者、病院長、医者、僧侶、まじない師……。誰一人として、人を治すことはできません。

たしかに、外科医は外科手術で患部を切開し、病根を取り除きます。しかし元気な体を取り戻すという本当の治癒は、あなたの内なる力によらなければならないのです。精神科医は、患者の精神障害の原因を見つけて、それをなんとか除去しようとします。患者を健やかな精神状態に導き、障害を和らげようとします。牧師は、潜在意識に愛や平和、善意などを注ぎ込み、そこに巣くっているネガティブな考え方をすべて洗い流し、敵意を持つ相手を許し、自分自身から湧き出る潜在意識の無限の力と協調するようにと説きます。

しかし、本当に病や傷を治すのは、あなたの生命力、生きようとする意思です。この意思こそ、精神や感情、肉体の病を治すことができる、たった一つのものなのです。もっと具体的にいえば、**あなたの潜在意識の中に潜む驚くべき治癒能力だけが、あなたの心身の傷や病を治すことができるのです。**

あなた自身の体験を振り返ってみましょう。あなたが小さな赤ん坊だったときから今日までに、大小、軽重の違いはあれ、何十回、いや何百回となく、精神的、肉体的な病気やケガ、不調を乗り越えてきたではありませんか。切り傷、やけど、しもやけ、打ち身、捻挫、おでき……なども入れたら、もっと数は多くなるでしょう。そうした中には、もちろん医者に治療してもらったものもあるでしょうが、自然に治ってしまったものも少なくなかったはずです。

ひとりでに、自然に治ったように見えるこうした例は、すべて心の中にある力、潜在意識の無限の治癒力によって治ったものなのです。

たとえ「作り話」であっても、奇跡の芽は宿る

少し前にヨーロッパへ行ったとき、遠い親戚にあたる男性と話をする機会があり、非常に興味深い体験談を話してくれました。

彼の父親がガンで深刻な状態に陥っていたときの話です。当時、彼はオーストラリアに住んでいました。父親の病気の知らせを受けると、彼は急いで国へ戻り、父親を見舞いました。そのとき、彼はこういったのです。

「父さん、素晴らしいものを持ってきたよ。これは、イエス・キリストが最期を遂げ

られた十字架のかけらなんだ。これを持って祈ると病気が治るといわれているんだ。実際、これでたくさんの人々の病気が治ったんだよ。でも、すぐに返さないといけない。父さんの病気を治すために、無理をいって司教様から借りてきたんだから」

そういいながら、彼はその「十字架のかけら」で父親に触れました。その夜、父親はその木片を胸に載せて眠りました。それだけでガンが完治したのです。

実は、彼の話はまったくの作り話でした。「十字架のかけら」は、彼がシドニーで拾ってきた、ただの木片だったのです。彼はそれを小さな銀のケースに入れて、故郷に持ち帰ったのです。彼の作り話は、父親の想像力に希望の光を灯しました。父親は非常に信心深い人で、その木片が本物の十字架だと無条件で信じたのです。

彼の父親がたちどころに癒されたのは、父親はそれを「本物の十字架のかけら」だと思い込み、その奇跡の力を微塵《みじん》も疑わなかったからです。

一六世紀のスイスの医学者・パラケルススはこういっています。「信じている対象が本物だろうと偽物だろうと、結果は同じだ」

他人の信仰を揺さぶったり、違う考え方を押しつけたりしてはいけません。相手に受け入れる準備ができていないからです。

信仰は杖と同じです。横からいきなり杖を奪い取ったら、それにすがっている人は倒れてしまいます。ですから、ただあなたの頭と心の中で相手を高く上げ、癒しの光がその人に降り注ぎ、真理の力がその人をあらゆる真理へと導く様子を思い浮かべましょう。

「ふり」をするより「ありのまま」を認めることから出発！

具合が悪いのに、元気いっぱいの健康体の「ふり」をしても駄目です。

まず、ありのままの状態を認めることです。その上で、どんなことも永遠につづくわけではないこと、自分の中に存在する無限の力の法則を理解することによって、その状態を克服できることを認識するのです。

明らかに病状が悪くなっているのに、無理によくなっていると思い込もうとするのは愚かなことです。黒を白だと自己暗示をかけても意味はありません。

病気のことは忘れて治癒力を意識しましょう。その力をひたすら肯定的に信じていれば、どんな病気も必ずよくなります。症状の改善が見えはじめたら、治癒力がうまく働きはじめた証拠です。

もし、強く祈ることを数時間、あるいは数日つづけていても、症状にまったく変化が見られない場合は、あなたの願望に矛盾があるか、正しく願望できていないのです。症状が目に見えて変化して初めて、願望の成果が表れたということになります。

覚えておいてください。あなたが心の中で考えたこと、強く信じたことは、必ず実現します。自分に対して言い訳やごまかしをするのはいっさいやめましょう。

願っているその瞬間にも、健康状態はみるみる改善されているはずです。痛みが和らぎ、症状が消えたとき、あなたは潜在的な治癒力によって、病という人生の問題から解き放たれたことを実感するでしょう。

なぜ「古傷」がぶり返すのか、なぜ病気が再発するのか

ある男性から、一度完治したはずの潰瘍《かいよう》がまたできてしまったという相談を受けました。話を聞くと、何年も前に事業をしていたころ、共同経営者が資金を着服してカナダに逃げてしまったといいます。

ところが、最近になって、この人物が事業で大成功を収めたばかりか、かなりの富豪になっているという噂を耳にしたのです。彼は激しい憤りを覚え、その男に対する憎しみを募らせていました。カナダに逃げられたころのさまざまな悪感情が改めてよみがえり、彼を苦しめるようになってしまいました。

過去の記憶は少しも色あせず、忘れることもできなければ、むろん、相手を許すこともできませんでした。恨みと憎しみの根が潜在意識となり、ちょうど傷が化膿するように、心の膿を体中に放出していたのです。頭と心の潰瘍が、体の潰瘍までも引き起こしていたのでした。

私は次のように説明しました。まず、自分自身と相手を許さなければ、健康も幸せも取り戻せないこと。そして、許すことができたかどうかは自分ではっきりとわかること。

つまり、当時の出来事を思い出しても完全に平静でいられ、何の感情も言葉も湧き上がらず、相手のことも、事業をしていたことすら思い出すことがなくなったとき、相手を許したといえるのだと。

この男性は、過去の怒りをもう一度経験し直すことによって、体までも当時と同じ状態に引き戻してしまったのです。ちょうど土に還った種が、三カ月後、一年後、あるいは二年後にふたたび芽を出すのと同じように、古い潰瘍が新しい形をとって現れたのです。

病気の原因を元から取り去ってしまわなければ、再発を防ぐことはできません。

この男性は、精神を完全に解放しようと固く決心し、昔の共同経営者の幸せを心から願った結果、潰瘍はきれいに治りました。

〝心の枷《かせ》〟がとれたとき、腫瘍はみるみる消えていった！

ユタ州ソルトレイクシティーで、ある未亡人が私に相談を持ちかけてきました。どうしても気になる腫れものができてしまった……といいます。医者の診断をあおいだところ、生体検査をする必要がある、一週間後にもう一度来るように、といわれたそうです。彼女は一気に不安になって落ち込んでしまい、そこで、私の存在を思い出したようです。

「前に先生のお話をうかがったことがあります。それによれば、この腫れものは、きっと恨みや憎しみが形になって表れたものだと思われるのですが、正直に申しまして、私には誰かを恨んでいるという自覚もないし、自分自身を憎んでいるということもないつもりです。私はいつも、心の底から祈りを捧げていますし、先生に教えていただいた潜在意識の法則もよく理解しており、現に実行もしています」

しかし、彼女は自分では気づかないうちに、潜在意識の奥底に恨みや抑圧された怒りが潜んでいる可能性もあり得ることは認めていました。

そこで私は、彼女に、寝る前に潜在意識に次の質問を投げかけてみるように勧めました。

「潜在意識の無限の英知よ、教えてください。私は誰を許せばいいのですか。自分自身ですか、それとも他のある人ですか」

突き詰めて考えれば、どんな問題でも、結局は自分自身を許すことが最終的な解決法になるのです。**自分自身を許すことができれば、内面に平和が訪れ、その結果、自然に周囲の人すべてにやさしく接することができるようになります。**

翌日、彼女はふたたび私の前に姿を現しました。

「昨夜、とてもはっきりした夢を見ました。夢に妹が出てきたのです。私は妹に向かって、『もうあなたを憎んでいないわ』と叫んだのです。実際、大きな声で寝言をいったようです。その声で目を覚ましてしまったぐらいです。あれが、答えだったのですね」

何年も前、彼女はエンジニアの彼と婚約していました。しかし、彼女の妹が彼を愛するようになってしまい、結局、彼は妹と結婚してしまったのです。彼女は深く傷つき、その結果、妹を強く憎むようになりました。姉妹は何年も絶交状態にありましたが、妹が亡くなる数日前に和解しました。死の床にある妹を目の前にした彼女は、ずっと妹を許そうと祈りつづけ、自分では完全に許しきれたと思っていたのです。

しかし、妹に対する怒りは妹の死後も完全には氷解しておらず、それが腫れものという形になって噴出したわけです。

夢から覚めた後、彼女は静かに座り、自分に向かって、こう断言しました。

「私は、これまで怒りと憎しみを抑圧してきた自分自身を許します。私はいま、完全に、心からあなたを許します。あなたを解放し、自由にします。許しの旅はもう終わったのです。これからは、あなたの旅は栄光から栄光へ、知恵から知恵へ、強さから強さへ、光からさらに明るい光へと進んでいきます。あなたはもはや、かぎりなく自由です」

こう断言しながら、彼女はこれが浄化《カタルシス》になることを実感していました。それまで彼女が抑圧しつづけてきたもの、直視して克服することを避けつづけてきた妹への恨み、怒り……。それらの精神の毒袋をきれいに洗い清め、捨てるときがきたことも実感していました。

それまでの彼女は、毒を見えない深奥部に押し込めていました。その結果、否定的で破壊的な感情が、はけ口を求めて、腫瘍という形で外へ出てきたのです。

その日、私の講習会に出席するために着替えをしようとしたとき、彼女は、腫れものが破れ、膿が出ていることに気づきました。

医者に電話をすると、すぐに来るようにいわれ、その足で医者のもとに駆けつけました。

彼女を診察した医者は、破れた腫れものの処置をすると、すぐに生体検査に回し、その結果、腫れものは悪性ではないことがわかりました。すでに腫れものはかなり小さくなっており、いずれ完全に消えるだろうということでした。

彼女の腫れものが完治するには、潜在意識に巣くっていた毒の袋が完全に清められることが必要だったのです。自分自身と妹を完全に許す必要があったわけです。それが済んだいま、彼女は腫れものから解放され、輝くように健康な日々を取り戻しつつあります。

ガン細胞は〝誤った思考のカス〟にすぎない

先日、講習会の常連の一人から手紙を受け取りました。そこには、こう書いてありました。

「私は皮膚ガンだと診断されました。そこで私は、自分自身にこういい聞かせました。『私はガンを恐れてはいない。私はガンが少しも力を持っていないことを知っている。私はそれが誤った思考の産物であり、それが生きつづける力を持っていないことを知っている。いま、皮膚に表出したものは思考のカスにすぎない。いま、私は毎日、私の内にある無限の力をたたえ、そうすることによって完全なる治癒力が、私の想念から皮膚表面に表れてくることを信じている』

この心構えを持ち、日々を心穏やかに過ごしていたところ、ガンは急速に消えてしまいました。医師は、かなりの長期闘病が必要だと診断していましたが、実際はわずか二回の治療を受けただけで、いま、ガンは完治してしまいました」

この男性の行動はまったく正しいものです。彼はガンの恐怖を心の中から完全に一掃して、自分の体の完全性をポジティブに信じきったのです。

それればかりではありません。彼は毎日、医師が「あなたは完全に治癒しました」と彼に告げるところを想像していました。彼が心の中で想像したこの光景は、潜在意識に織り込まれたのです。

潜在意識に印象づけられたものは、何であれ、実現します。こうして彼は、自分の潜在意識の力で難しいガンを完治させたのです。

宇宙エネルギーとの調和が生む「完全なる奇跡」

ノーベル生理学医学賞の受賞者であり、『人間――この未知なるもの』（渡部昇一訳、三笠書房刊）の著者であるフランスのアレキシス・カレル博士は、彼の目の前で、ガンがみるみる小さくなって、かすかな痕跡しか残らなかった例をはじめ、傷や病巣がわずか数秒で治ってしまった例、数時間ですべての症状が消えた例を紹介し、祈りがもたらすすばらしい奇跡について正しく論評しています。彼のノーベル賞受賞は、人が誰でも持っている、このすばらしい奇跡の治癒力に対する論評に対して与えられたものです。

潜在意識が持つ無限の力を活用すれば、生体組織の修復を著しく早めることができるのです。

このように、腫瘍、火傷《やけど》などがたちどころに治癒する場合があるのは、他でもない、あなたの内奥に潜む無限の力が現実の次元に引き出されて形になった結果です。

潜在意識が放つ無限の力を、宇宙エネルギーだと説明する人もいます。それらは同じもので、表現が異なるだけです。

その内在する**無限の力を生かすことこそ、病や傷を治癒させるただ一つの道**です。あなたが信念と希望を抱いて無限なる力と調和し、その完全な調和の中で想像力をかき立てれば、宇宙エネルギーはそれに応えて、あなたにあふれるほどに流れ込み、あなたを満たし、あなたという存在のすべてを、完璧で欠けるところのない状態に整えます。

そうなったとき、あなたの体を構成する数兆の細胞の電子的構造が、本来あるべきパターン——調和、無欠、完璧——に従って変化するのです。

以前、『ベター・ヘルス』誌に、腫瘍学の権威であるカール・サイモントン博士によるガンの予防に関する次のような記事が掲載されていました。

「ガン患者には共通して見られ、ガンでない人にくらべて顕著であると複数の研究者によって認められた性格には、次のようなものがある。(1)人を恨む傾向があり、しかも敬意を表現する能力に欠けている。(2)自己を憐れむ傾向が強い。(3)有意義な人間関係を築き、さらにそれを長期間維持することが苦手である。(4)自分自身について抱いているイメージが貧困である。さらに、両親の一方または両方から拒絶されているという感覚があり、そのために、ガン患者に共通して見られる独特の生活史パターンが形成されている」

サイモントン博士がここで指摘しているのは、ネガティブで破壊的な感情が、破壊的な病気という形をとって人の体をむしばむという事実です。

この〝十五分〟が「快適な仕事・夜の快眠」を約束する！

もう一つ、多くの人が使っている、治癒力と生命力を与えてくれるすばらしい方法があります。「絶対的な平和が私の魂を満たしている」と祈る方法です。

これまでの方法と同じように、朝起きたとき、そして、夜寝る前に、十五分ほどかけてこの言葉を唱えつづけます。

祈りの言葉を唱えてからベッドに入ると、夜はぐっすり眠れます。朝の目覚めも晴れやかになり、その日一日を健やかな気分で過ごせるようになります。

これを実行した人はほとんどすべて、家庭も職場も平穏になり、人間関係のトラブルもなくなったと報告してきます。経済面でも平穏が訪れます。

この祈りの言葉によって、あなたの内なる絶対的な力、絶対的な平和、絶対的な真理とあなた自身が一致し、あらゆる恵みが与えられるからです。恵みあるところに争いはなく、そこにあるのは、絶対的な平和だけです。

「絶対的な平和が私の魂を満たしている」と唱えていれば、家庭、心、仕事をはじめ、人生のあらゆる局面において平和が訪れます。

古代の賢者は、「平和とは、すべての人の心に宿る力である」といっています。万一、困難や試練、問題にぶつかったら、その場で、「絶対的な平和が私の魂を満たしている」と心の中で断言するようにします。

すると、驚くほどすみやかに、直面している問題の解決法や、建設的なアイデアが浮かんでくるのです。こうして、あなたはいつも生き生きと充実した気分で問題を解決し、ふたたび絶対的な安らぎにひたることができます。

毎日この言葉を唱えることで、恨みや敵意、怒りなどの悪感情を寄せつけない強さが生まれ、平静、平穏、落ち着きがあなたの一部になっていきます。

この言葉は、リンゴのようなものです。毎日リンゴを食べていると、やがては血となり肉となって、あなたの全身をリンゴの栄養素が満たすのです。

食事法やサプリメントでは完全補強できないこと

何にも勝る潜在意識の無限の力が、いつもあなたを見守り、導き、必要なものすべてを無限に与えてくれるということを実感し、確信しなさい。本当の安らぎ、安定は、そうすることで初めて得られるものなのです。

あなたの望むものが、健康、精力、強健さなどを得ることである場合も、食事法やビタミンを飲んだり、サプリメントを摂取することだけでは足りないと認識しなければいけません。

永遠の生命であり、完全な健康の源泉である無限の力が自分自身に内在し、あなたに生命を吹き込み、癒し、回復させ、生気を与えてくれることをはっきり認識するのです。

そうすれば、あらゆる生命の根源である「無限の力」は、必ず願いに応えてくれます。真の健康を求めるならば、すでにつくられたものに頼ってはいけません。

あなたがこの世に存在するのは、成長し、人として大きくなり、精神的にもより高みに昇るためです。王族や社長や有力者や権力者と親しくなっても何の意味もありません。そうした人々とつきあったからといって、あなた自身が高貴な人になるわけはなく、いま、自分が努力している分野で権威や名声を得ることもできません。

高貴で、威厳のある、大きく、精神的にも成熟した人間になるには、自分が無限の力の持ち主であると自覚し、心の底からこう断言する方法がベストです。

「私は光に照らされ、無限の力を与えられています。精神性を高め、真理の愛と光と美をますます豊かに表現しています。私は自分が無限の力の持ち主であることを自覚し、つねに前進し、上昇し、さらに高みに向かって、ひたすら前進しています」

この言葉を真理であると絶えず確認しつづけ、この言葉のもたらす満足感を心の底から実感しながら生きるのです。そうすれば、あなたは日々、高貴さと威厳を増し、望んでいるとおりの人になれます。

第8章

この〝重荷〟さえなければ……

ストレスを〝善玉〟に変える、うまい方法

過去を清算し、古い悲しみや恨みをくよくよ考えないこと。未来とは、あなたの現在の考えを実現させるものだからである。逃げているかぎり、不安、心配はどこまでも追いかけてくる。

宇宙からの偉大なエネルギーを受け取る〝心の受け皿〟をつくろう。

逃げさえしなければ、多少のストレスは〝いい刺激〟に！

人間は個人差が大きい生き物で、かなり無理をしても病気にならない人がいるかと思うと、一方では、慎重に体をいたわっているのに、病気ばかりしている人がいます。理由ははっきりしていません。心の持ち方、つまり、心的態度がそれぞれ違うからです。生まれながらの体質や遺伝因子も無視できませんが、**多くの場合は、その人の心構え、気質・生活が健康を左右しています。**

ストレスに弱い人は、この気質がわざわいしていることがほとんどです。同じことでも、普通の人よりマイナスの影響を受けやすいのです。

では、ストレスにはどう対処したらいいのでしょうか。答えは、これまで述べてきた潜在意識の法則を応用することです。すなわち、どんなことでもプラス思考で処理するのです。どんな状況にあっても、破壊的、絶望的、悲観的に考えないことです。マイナスに、ネガティブに考えるのだけはやめなさい。潜在意識は、そうしたすべてに正直に反応してしまうことを、つねに忘れないでください。

私は多くの人に、こうお話ししてきました。

「人生は、ほんのささやかな、ただ一つのことで、明るくも暗くもなってしまうものです。それは、実体としては同じものであることがほとんどです。明暗、どちらを選ぶかはあなたしだいです。すべては自分の選択の結果なのです」

ストレスという言葉を聞くと、好ましくないものだと思いがちです。しかし、ストレスにも、いいストレスと悪いストレスの二つがあります。ストレス学説ではこれをユーストレス（好ましいストレス）とディストレス（好ましくないストレス）と分けて呼んでいます。ストレス対策を考える前に、この二つの違いを知らなければなりません。

では、いいストレスとは何でしょう。実をいえば、それは心の持ち方一つにかかっています。わかりやすい例をあげれば、ひどい騒音に悩まされている人が、騒音がストレスの原因だと考えて静かな環境に移ると、今度は音がないことがストレスになり、かえって安眠できなくなったりすることがあります。

人間は環境適応の動物で、多少ならば不利な状況、不本意な事態であるほうが、発奮したり、情熱を燃やしたりする傾向が強いのです。したがって、**ストレスに立ち向かうためには、それが自分にとっていい刺激になるのだ、と断言するくらいの前向きの強い考え方が必要です。**

最も避けなければならないのが、ストレスから逃げることです。

会社の上司とうまくいかないから仕事をさぼる。ギャンブルにのめり込む、酒を浴びるほど飲む……。こうした行動をとりながら、自分がこんなふうに荒れてしまうのは、すべて上司が悪い、あるいは会社が悪いというふうに他人に原因を押しつけてしまう人がいます。そういう態度は、何よりも自分にマイナスの結果をもたらします。

潜在意識は、そんなあなたには正しい道を示しません。むしろ、ギャンブルから抜け出せなくなるでしょう。仕事をよりさぼらせ、あなたをぐいぐい破滅の方向へ追いやる結果になるだけです。

やがてあなたは、精神、あるいは肉体、もしくはその両方に徹底的なダメージを受け、人生からリタイアしなければならない羽目に追い込まれます。それもこれも、あなた自身が望んだマイナスの願望の完全な成就なのです。

ですから、どんなことがあっても、マイナスの考え方を持ってはいけないのです。

つねにマイナスを避け、ポジティブに。これが原則であり、鉄則です。

これが、究極的に健康と富と成功を得るためのゴールデン・ルールです。

〝意志薄弱〟男の、見違えるような「変身」ぶり！

数カ月前、私は、アルコール依存症のために家族も仕事も名声も失った男性から相談を受けました。何もかも失った彼は、自責の念にさいなまれていました。

しかし、何とかして現在の状態から抜け出したい——つまり、調和と健康と平和と達成を手に入れたい、と心に決めたのです。彼は毎晩、次のように宣言する習慣をつけました。

「私は平和に満たされ、完全にしらふです。全能の力が全身にみなぎり、自由と平和、調和、強さが満ちあふれています。私の決意は固く、全能の力が必ず私を守ってくれます」

一週間後、彼は完全にアルコールと手を切っていました。新しい人間として生まれ変わることを決心した彼は、妻と子供たちの元へ帰り、夜間のビジネススクールに通い、根気強くビジネス・マネジメントを学びはじめました。

彼の努力と熱意は、ついに実を結びました。

現在、彼は事業を起こし、すばらしい成功を収めています。不健康で意志薄弱で、頼りなく、絶えず愚痴や不平不満ばかりいっていた過去の彼は消滅し、平和と勝利、達成感に満たされた新しい彼が生まれたのです。

アルコール依存症に悩まされていた彼は精神的に死に、いまや健全でたくましく、強靱な精神の持ち主が新たに誕生したのです。

そのきっかけは、私が彼に、調和、健康、平和、達成……、すべてのものが完全な形で、すでに潜在意識の形で存在していると示したことでした。

「ありのまま」という問題
——エチオピア皇帝とムッソリーニの決定的な違い

ある人から、さる国の女王が毎晩のように酒を飲み、煙草を吸い、肉を食べるのを見て驚いたという話を聞いたことがあります。なぜ、あんな生活をしていて、健康で輝くように堂々としているのか。その人にとっては不思議でならなかったようです。

私は、こうした考えはナンセンスだと伝えました。

何が清らかで、何が汚れているか。これを決める尺度は、その人の考え方しだいなのです。

あなたが自分で戒律をつくって、酒を飲むのはよくない、煙草を吸ったり肉食にふけるのは魂の向上を妨げる行為だと信じているなら、その信条に従うべきです。潜在意識は、そうした信念に左右され、反応するからです。

イスラム教徒にとっては豚肉が、ヒンズー教徒にとっては牛肉が、汚れた肉に映ります。そう信じているかぎり、彼らは豚肉を、そして牛肉を食べてはいけません。それは、その人にとって深い罪になるからです。

そもそも、善悪、正邪などというものは存在しないのです。善悪をつくり出すのはそれぞれの人の思いであり、あるのは善でなく、善の意識、罪ではなく、罪の意識なのです。

また、尊敬や威厳を金で買えると思っている人々がいますが、それも間違いです。

第二次世界大戦中、イタリアに独裁政権を樹立したムッソリーニは、自分にはエチオピア皇帝のハイレ・セラシエのような尊厳が備わっていないことを悩んでいました。

二人の絶対的な違いは、ムッソリーニは英雄としてまつりあげられながら、どこか自分の威信に不安を持っていたのに対し、ハイレ・セラシエは、イギリスに亡命したときでさえ、「私は皇帝である。いずれ、ふたたび皇帝として、支配者として、わが国へ帰るだろう」と宣言していることからもわかるように、生まれながらの皇帝であり、栄光も威厳も自分に備わったものとして不動の認識を持っていたことです。

ムッソリーニは、彼がひそかに恐れていたように、威信を失い、屈辱の死を迎えました。どんなに栄耀栄華を思うがままにできる立場に出世しても、その立場に不安を持っていたり、自分には似つかわしくないという自覚がほんの少しでも残っていれば、そして、他の上流階級の人々のように堂々と振る舞えないことに劣等感や焦燥感を持っていれば、やがて、それらは悲惨な結末をもたらすことになります。

自分のありのままの姿を認め、ありのままに振る舞うことです。そうしていれば、たとえワンランク上の人たちの中に入って行動しても、ストレスには感じず、結果はすべて問題なく、うまく運んでいくはずです。

「吐き出す」ことがストレスの解消法ではない!

ある女性の話です。彼女は結婚生活に行きづまり、悩みをかかえていました。彼女が訪れたカウンセラーは、夫に対して抱いている怒りや憤りを、夫に向かって吐き出してしまいなさい、と助言しました。そのとおり実行した結果、夫婦は毎日ののしり合い、互いに憎み合って暮らすようになってしまいました。こうした精神的な毒が蓄積され、いまでは彼女は心も体もむしばまれ、誰が見ても憔悴《しょうすい》しきった表情で毎日を過ごすようになってしまったのです。

私は彼女に、カウンセラーの助言はナンセンスで、事態を悪くするだけだと話しました。相手に対する破壊的な感情を吐き出せば、ストレスは解消できる、という考え方はばかげています。

私は彼女に質問しました。夫に対する場合であれ、子供に対する場合であれ、愛や真心や温かな気持ちを言葉に出して表現した場合、その気持ちは消えてなくなるでしょうか？　そんなことはありません。表現することで、潜在意識が愛や好意をさらに拡大することはあっても、愛や好意を消滅させてしまうことなどあり得ないのです。

絶対的な愛は、すべての人の内に宿っています。周囲の人々に愛の振動とやさしさを放出することこそ、大切なのです。そうすれば、あなたの精神と心に宿るこれらのよい特性がさらに拡大され、強化されるのです。

夫婦関係が暗礁に乗り上げ、極限までストレスが募ってしまったという夫婦は、たいてい、このカウンセラーがいうように、夫婦はありのままの気持ちを伝え合うべきだと考えて、憎しみや嫌悪の感情をぶつけ合ってしまっているのです。この女性の例のように、憎しみと敵意を相手にぶつけても、悪感情は根こそぎ消えてしまうどころか、ますます募ってしまうだけです。

夫婦二人の気持ちが同じレベルであれば、幸せな結婚生活を送ることはできます。真の和解は、精神的なレベルでのみ成立します。正しい行動の原理はありますが、間違った行動の原理は存在しません。正しい考え、正しい気分、正しい行動こそが、精神に調和をもたらすのです。愛にも正しい行動にも、ペナルティーはありません。

この夫婦はとことん話し合った結果、もう一度、やり直すことに決めました。その条件として、私は次のようにアドバイスしました。

毎晩、お互いのことを祈り合うのです。お互いへの愛を確かめる言葉を声に出していい、さらに互いの健康と幸せ、そして夫婦仲良く暮らす幸せを潜在意識に向かって強く願うことも勧めました。

万一、夫が癇癪《かんしゃく》を起こしそうになった場合、彼はすかさず、「彼女の内なる精神性はすばらしい。私は、大いなる愛で彼女をいつくしんでいる」と言葉に出していい、気持ちを切り替えるようにしました。

妻も夫と同じように、イライラとストレスが高じてくると、「彼の内なる精神性はすばらしい。私は、大いなる愛で彼をいつくしんでいる」と声に出していうことにしました。やがて、こうした言葉を繰り返し口にすることが、すっかり二人の習慣として定着しました。現在、二人の結婚生活は、日ごとに幸せなものになりつつあります。

朝夕十五分、一切のストレスから解放される方法

次に述べるのは、私がストレスに悩む多くの人に勧めている、願望を潜在意識に届け、それによってストレスを解き放ち、願いをかなえる方法です。毎朝、そして、夜寝る前にも、それぞれ十五分ほどかけて行います。

まず、ゆったりと横になって目を閉じ、自分の体に話しかけるようにして、こう声に出していってください。

「爪先が楽になった、足首が楽になった、ふくらはぎが楽になった、膝と太ももが楽になった、両足が楽になった、腹筋が楽になった、心臓と肺が楽になった、背骨が楽になった、手と腕が楽になった、首が楽になった、脳が楽になった、顔が楽になった、

全身が完全にくつろいでいて、安らかだ」
こう繰り返していると、全身がリラックスしてくることが実感されます。その状態で、今度はこうつづけていいます。

「無限の、絶対的な愛が、私の魂をあふれるほどに満たしています」

この言葉を、ちょうど子供を寝かしつけるように何度も繰り返し、やさしく、言葉の響きを全身にしみ込ませるようにいい聞かせるのです。

私の言葉に疑いを持たず、このとおりに実行した人は、いまではストレスのない、精神的にすばらしく充実した日々を送っています。多くの人から、血圧が正常になったとか、日中のストレスが軽減して健康になったとか、人を妬《ねた》んだり羨《うらや》ましく思うことがなくなったとか、人にやさしくなれた、親切になれた、気持ちが明るくなったなどという報告を受けています。

ストレスに悩んでいる人とは、結局、人生が自分の思うように展開せず、イライラしている人だといい換えることができるのです。そうした人が、

「無限の、絶対的な愛が、私の魂をあふれるほどに満たしています」

と繰り返しいうだけで、実際に、奇跡のように人生を好転させているのです。

宇宙からの偉大な力を受け取る〝心の受け皿〟をつくる

潜在意識を活用して、自らの中に存在する偉大な力を思うままに発揮させるのに必要なものは、ひたすら、純粋に信じる心です。

宇宙にはゴールデン・ルールがあります。それは誰にも等しく恵みを与えてくれるという法則です。ただし、誰にも……というのは、潜在意識の可能性を知り、その無限の力を信じている人に限られています。

あなたがその限られた人のグループに入るためには、物事をつねにポジティブに考えることが必須条件です。しかし、実際問題としては、きわめて苦しい状況にある人に向かって、ポジティブに考えなさいといっても、口でいうほどやさしいことではありません。

病気で苦しんでいれば、これからどうなるか不安になる人のほうが圧倒的に多いのは当然です。「大丈夫です。きっとよくなりますよ」という言葉は、気休めや慰めにしか聞こえないものなのです。

しかし、日ごろから自らをリラックスさせ、心をかぎりなく柔らかく、受容的に整えていれば、潜在意識は自由に働き出し、物事はポジティブな方向に向かいます。

潜在意識が完璧にリラックスしていれば、クヨクヨ落ち込んだり、ネガティブな思考が浮かぶことはあり得ません。**潜在意識が最もいい方向に作用するのは、その人が心の底からリラックスしているときなのです。**宗教を信じている人間が、そうでない人間よりも心の平安を得ていることはよく知られています。そして、たいていの場合、その人が望むような生活を送っています。

日常生活においても安らいだ気持ちでいるため、心は平安と充実感に満たされ、その結果、潜在意識を生き生きと機能させているからです。信じるものは救われる……。これは真実です。

とにかく、**ストレス、心の揺らぎ、不安感から解放されたいならば、何かを信じることです。充実した人生を望むなら、潜在意識の偉大な能力を信じましょう。**

自分が大自然の懐《ふところ》に抱かれていると実感しましょう。自然は豊かで、健康で、充実した人生を用意してくれています。

潜在意識の存在を実感することができるなら、あなたは自分の人生を思うとおりに変えられるし、富も成功も思うがままに手に入れることができます。そうした人生なら、永遠にストレスとは無縁です。

願ったとおりの人生を手に入れる第一歩は、リラックスすること。そこから、潜在意識の力を活用した、あなたが望むままの人生が実現しはじめるのです。

第9章

大事なところで、いつも「賢い選択」をする法

「選択する」という力はあなたが持っている最高の特権である。それはあなたの内なる無限の宝庫から、人生のすべてのよいものを選ぶことを可能にする。

人生の十字路で絶対〝選択を誤らない〟法

私たちは皆、日々、人生の十字路に立っています。

たとえば、あなたに公の場で歌いたいという願望があり、すばらしい美声に恵まれているけれども、ステージやラジオでそれを披露する機会がないものと仮定してください。

あなたは自分自身で練習を重ね、「うまく歌えるようになった」と確信を持つまでに自分を高めた後、マイクの前に立っている自分、あるいはステージで朗々と歌って観客を魅了している自分の姿を想像してください。その興奮と喜び、驚きを実感してください。**心に録画したビデオを繰り返し再生するように、この光景をしょっちゅう思い浮かべてください。**

それをつづけているうちに、あなたの内なるイメージはたびたび心の中に再現され、潜在意識に深く浸透し、やがて心の法則に従って現実のものになります。

私は、最初に書いたように人は日々、十字路に立っているのだと考えています。心の中に何も描こうとしないばかりか、そんな夢を追いかけても駄目に決まっていると考えている人、毎日、自分がこうなりたいという姿を具体的なイメージに描き出している人。それによって道は正反対に分れてしまうのです。

また、十字路は、私たちの取捨選択能力を表してもいます。私たちは、心の奥深くに持ち込む思いを選択するとき、何よりも気をつけ、慎重に選び出さなければいけません。

あなたが眠りに入るとき、顕在意識と潜在意識が合体して創造を行い、眠りに入る前に抱いていた思いは、そのまま潜在意識に刻み込まれます。わかりやすくいうと、眠る前にあなたの顕在意識を支配していた気分は眠っている間に潜在意識に引き渡され、それがよいことであろうが悪いことであろうが、潜在意識に刻印され、潜在意識の無限の力の働きでやがて現実になるのです。

あなたが今日の出来事について感じたこと、考えたことが、あなたの明日を形づくります。だからこそ、絶対にネガティブな思いを抱かないようにしなければならないのです。なぜなら、その思考から生まれた気分が心の奥深くに浸透し、自然に実現してしまうからです。**心に浮かぶ思いをコントロールできれば、明日のあなたもコントロールできます。**

無限の力は、あなたの中に存在しているのです。

自分の願望を、「私は(〜で)ある」という思い、すなわち、あなた自身の顕在意識に持ち込みましょう。その願望の実現を確かに感じ、潜在意識の無限の力があなたのために働いてくれることに喜びを感じ、その喜びの気分を保ちつづけるのです。

あなたはその気分に〝乗る〟ことによって自分の願望に対する確信を高め、願望を潜在意識へ浸透させていくのです。

潜在意識に浸透した願望は、ちょうど植物の種が芽を出すように、やがては現実に芽吹いて、あなたの望みを花開かせます。欠乏をきっぱりと拒絶し、限界や失敗をけっして受け入れない強い態度でいれば、欠乏という観念は枯れてしまいます。

あなたの願望を実現するのは、人生の十字路に立ったとき、すなわち、自分が望んだとおりの正しい方向に進んでいくときです。願望を現実にかなえることが、苦難から救われる唯一の道なのです。

「やってみなければわからない」は〝永遠にできない〟ということ！

「できるかどうか、やってみなければわからない」と思っている間は、あなたは心のどこかで、それは不可能であると感じています。可能だと思いたくない気持ちがあるのです。そのくせ、奇跡を信じたい、そう思いたいという気持ちもあります。つまり、自分で自分の潜在意識の無限の力を試そうとしているのです。

それは心の法則から外れることです。すでにおわかりのように、あなたの潜在意識に刻み込まれたものはすべて、そのとおりに実現されます。電気は、あなたの気分に合わせて性質を変えることなく、つねに電位の高いところから低いところへ流れます。あなたが電気の法則を理解したときに初めて、電気はあなたの役に立つのです。

科学的にも、数学的にも、力はただ一つしか存在しません。もし二つの力があったら、力は互いに打ち消し合い、秩序も計画性も均整も調和もない世界になってしまうでしょう。衝突が起こり、ただ混沌《カオス》が支配する世界になってしまいます。この世界は調和のとれた宇宙であるべきであり、望むのはカオスではありません。

すべての物質、過程、活動は、ただ一つの根源から生まれたものです。したがって、本来、悪が存在するはずがないのです。

悪（evil）という言葉を引っくり返すと生命（live）になります。つまり、悪とは、生命に反して生きることなのです。調和と平和、喜びと律動に満たされた自然な生命の流れに逆行して生きること、それが悪なのです。

古代ヘブライの宗教家たちは、悪魔を「神が逆さまになったもの」と教えていました。つまり、ある邪心を持つ人間によって「善」の概念が歪められ、ねじ曲げられたもの、それが悪魔なのです。人間が勝手に神のイメージをつくり出したように、憎しみや妬み、欠陥、先入観、短所などを投影し、勝手に悪魔のイメージをつくり出してしまったのです。

悪は、「ただ一つの力」の誤用、誤解、無理解ゆえに生まれます。悪は無知そのものであり、顕在意識が不完全な状態であり、歪んだ視点ゆえに生まれます。互いに戦い、殺し合うなど、人間の世界で悪とされていることが動物の世界では悪ではないのは、彼らが自然の本能に支配されているからです。

後ろ向きに生きることをやめなさい。偉大な生命の流れに身をまかせて前進していきましょう。そうした姿勢、あるいは意思があれば、生命や愛、真理、美、富裕などの善を、もっと強く引き寄せることができます。

問題解決に最も効果的な「ビデオ再生法」

ニューヨークのスタインウェイ・ホールでの私の講習に通っていた株式仲買人の話です。

彼が数年前、経済的なピンチに直面したときにとった解決法は、驚くほど単純なものでした。彼は頭の中で、友人である大富豪の銀行家から、「君の投資における判断は賢明で間違いがない、今回買った株も大当たりだ。きっと得意先、クライアントも君の投資判断を評価し、感謝さえしてくれるだろう」と称賛されている光景を、毎朝毎晩、あるいは日中も、繰り返して頭の中で思い描いていました。

この光景を想像しつづけているうちに、やがてそれは確固たる信念として彼の中に深く根を下ろし、さらに潜在意識がそれに応え、目を見張るような成功をもたらしてくれたのでした。

彼はつねづね、「私がこの仕事で一番の目標としているのは、クライアントが経済的に利益を受けたり、経済的な発展をすることを助けるために、賢明にして適切な助言を行うことです」といっています。彼が心の中で思い浮かべた銀行家との光景、交わしていた会話は、彼の仕事の目標である、自分自身と顧客の利益のために信頼のおける投資を行うという目的にぴったり合致していました。彼は、心の法則の建設的な使い方を心得ていたのです。

その結果？　いうまでもないでしょう。彼は多くの得意先にしっかり儲けさせ、同時に自分自身も確実に利益を得たのです。

ロシアの思想家ウスペンスキーの弟子だったニコル氏の口癖は、「心の中の会話が、自分の目指すものと一致するように気をつけなさい」というものでした。

心という真っ暗な家の中で、スクリーンにビデオを映して見ている光景を想像してください。このビデオを、できるだけたびたび映すことです。心のスクリーンに、できるだけ鮮明に映し出すのです。

それをつづけていれば、ビデオの光景が心に定着し、揺るぎない信念になります。心の目で見た心のビデオは、必ず現実のものとなります。

このビデオ再生法は、人生のあらゆる問題に対する最も確実で有効な解決方法です。

〝負けぐせ〟を一気に〝勝ちぐせ〟に転換する法

最近、ある若い男性と話す機会がありました。彼はそれまでの人生で、五回の大きな挫折を経験したそうです。

少し話していただけで、私にはその理由がはっきりわかりました。彼の潜在意識には、挫折のイメージが染みついていたのです。初めて挫折したとき、彼は「また失敗するに違いない」という自己暗示をかけてしまったのです。その予感と不安こそが、その後の挫折の繰り返しを生む原因になったのです。

彼の潜在意識は、彼がいつも心に抱いているイメージに反応し、それに加えて、「また失敗するのではないか」という彼の不安を、そのまま、せっせと現実にしていたのです。

そこで私は、心に思い浮かべることはすべて、潜在意識が実現してしまうこと。だから、失敗するかもしれないというネガティブな思いは、絶対に抱いてはいけないという心の法則について話しました。

こうして彼は、潜在意識には、けっしてごまかしがきかないことを知ったのです。そして、自分には、成功しよう、成功したい、きっと成功するのだという気持ちが欠けていたことを悟ったのです。

私は彼に、いま必要なことは、自分の気持ちはひとまず脇に置いて、ただ、「おめでとう、よくがんばってくれた。君は我が社の誇りだ」と彼を称賛する上司の声を、何度も何度も繰り返し頭に流しつづけることだと説明しました。

彼はこれを、毎晩寝る前に十五分ほど、心静かに行う習慣をつけました。**上司と握手しながら、称賛の言葉をかけられ、ほめたたえられている自分の姿をありありと想像したのです。**

これを毎晩つづけているうちに、その情景は彼の意識の中で、ごく自然な、当たり前の出来事のように定着していきました。ここまでくると、そのイメージはすんなりと、まるで自然現象のように潜在意識に浸透しました。

三週間後、彼は突然昇進し、毎晩思い描いた情景を現実のものとして体験することになったそうです。彼からの喜びに満ちた手紙でそれを知らされました。

貝の中に真珠を誕生させる、この〝偉大な力〟

私の講習に参加していたある若いエンジニアのケースです。彼は両親や教会の牧師から押しつけられる宗教的教えにずっと反発を感じ、うんざりしていました。

私はその反発こそ、貝の中に真珠を誕生させる力なのだと説明しました。やがて、彼は押しつけられた信仰に反発を感じるのではなく、その宗教について徹底的に学びはじめ、さらに世界の宗教を徹底的に探求するようになりました。

その結果、さまざまな法話や寓話や説話の奥に隠されている真の意味を理解できるようになったのです。彼は現在、潜在意識の力について研究しながら、その力を応用するテクニックについての探索を進めています。

信仰に対する反発、あるいは自分の欠点、不幸な結婚生活、仕事の失敗など、自分が思うようにならないいらだちは人生の大きなトラブルの一つです。しかし、こうしたトラブルこそ、実は、真理や自由を求めるきっかけになるのです。

宗教にも政治にも社会にも何の不満も抱いていない人は、真理を求めたいとは思いません。何か問題があるからこそ、納得のいく解決法や救いを求めるのです。そこで初めて、自分の心の新しい扉が開かれ、新しい光、潜在意識の存在と力に対する気づきが差し込みます。

かつて自分がいらだちを感じていた問題を振り返るときには、試練を与えられたことに感謝し、すばらしい体験ができたことを喜びましょう。

人生のトラブルは、それを解決したとき、潜在意識の力を確信し、それに感謝することができるようになるためにあるといってても過言ではありません。

相手への「ネガティブな気持ち」を根こそぎ一掃する方法

記憶に残っていた過去の体験をふたたび体験することがあります。こうしたときは、あなたはその出来事を心の中で再創造したのです。植物の種子が地に落ちて、季節ごと、年ごとに芽を出し、元の植物が死んでも新しい命が成長して花を咲かせるように、唐突に起こったように見えても、過去に経験していた状態が新しい形をとってふたたび表れることはしばしばあります。

過去から解き放たれるためには、憎しみを感じていた相手を心の底から祝福し、その人が幸福で、調和がとれ、喜びにあふれた自由な人であると認識できるようにならなければなりません。

それができなければ、いつまでも、許すことも、忘れることもできないのです。雑草を除去するのに、大地の表面に出ている葉の部分だけ取り除いても、すぐにふたたび葉を伸ばして根を張りはじめるのと同じです。徹底的に除去する。それには、相手のイメージを一八〇度塗り替えて、心の底から愛することができ、祝福できる存在に変えなければならないのです。

そうでなければ、根はいつまでも生きています。いくら無視しても、根が枯れることはありません。

あなたの中にひそむ憤怒の根を消滅させるには、その人があなたに向かって、

「あなたは美しく立派だ、本当に誠実で親切な人だ」

と話しかけている声を、実際に聞こえてくるように、リアルに想像することが最も効果的です。

耳の底にその声が響いてくるのを感じとってください。あなたにはそれが必要なのです。そして、その声に聞き入りながら、豊かに満たされている自分になってください。こうすれば、必ず効果があります。多くの人がこの方法を試して、実際に成功しています。

また、次のように、言葉に出して、自分に向かって宣言するのもよい方法です。

「私は〇〇〇〇（相手の名前をいう）を解放して、潜在意識の無限の力にゆだね、心から彼の幸せを祈ります。彼のことを思い出したらいつでもすぐに、『あなたは自由

です。無限の意思、無限の力がつねにあなたとともにありますように』と言葉に出していいます」

これをつづけていれば、いつしか彼のことを思い出しても何の心の痛みも感じなくなります。そのとき、憎しみと怒りの根は消滅し、あなたの心に本当の平和が戻ってきます。

精神を消耗する〝最悪のトラブル〟からこうして脱出！

ある女性が、トラブルと格闘した体験談を話してくれました。

彼女は、二人の親戚から、伯母が亡くなる前に彼女（伯母）をうまくいいくるめて遺言状の内容を書き換えさせたという、いわれのない疑いを受けて訴訟を起こされていました。

この申し立てはまったくのいいがかりだったのですが、親戚は法廷で供述に偽りのないことを堂々と宣誓したため、多くの人がそれを信じてしまったように見えました。

彼女は精神的苦痛を与えられ、気まずい立場に置かれてしまったのです。

彼女の弁護士は精神性を重視する人物で、訴訟の間、つねに彼女の精神状態をサポートし、心強く支えつづけました。しかし、それでも彼女は裁判の重荷を受けとめきれず、私のところに相談にやってきました。

私は、彼女に次のようなことを勧めました。

まず、心を落ち着け、自らに向かってこう宣言するのです。

「真理は英知に満ちており、正義と真理と愛と調和の無限の法則が、私の中で、そして弁護士をはじめ、関係者すべてをとおして、完璧に働いています。調和と正しい行動の法則がすべてに勝って働きます。私はこう宣言し、裁判のことが頭に浮かんだときには、いつでもその場ですぐに、『真理がすべてを解決する』と宣言します」

自分の心に向かって、こう宣言すると、彼女は心の底から安らかな気持ちに満たされ、それ以上願うことは何もないという気持ちになりました。すっかりくつろぎ、安らかな気持ちになり、問題が解決されたことを直感的に感じとりました。裁判のことも、自分を訴えた親戚のことも、すべてを受け入れられる気持ちになりました。この瞬間、彼女の願いは成就したのです。

彼女のこうした思いは潜在意識にしっかり根づき、一週間後、完全な答えが彼女の前に示されました。

遺言状に不服を申し立てていた親戚が突然訴えを取り下げ、彼女の前から姿を消してしまったのです。あまりに無理難題を吹っかけた……、彼ら自身がそれを悟ったのでしょう。

相手を信頼すればこそ〝生産的な対立〟もできる

逆に、こんな例もありました。

何カ月か前のことです。ある女性が不法な要求をされて困っていたので、私は弁護士に相談することを勧め、人格的にも非常に優れた弁護士を紹介しました。彼女はさっそくその弁護士に会いに行き、彼の助言にも、訴訟を処理する手際のよさにも非常に満足していました。

ところが、ある日、彼女から電話がかかってきました。あの弁護士には心底頭にきたというのです。

理由を聞くと、ある日、ちょっとした用事で裁判所に行ったところ、自分の弁護士が相手方の弁護士と食事をしながら、何やら親しげに話をしていたというのです。

相手方の弁護士は、反対尋問で彼女に相当しつこく食い下がってひどいことをいったので、彼女にとっては天敵のようにいやなヤツです。

こともあろうに、そんなヤツと食事をしているなんて。彼女の心は激しい怒りに満たされ、電話で私を「どうしてあんな人を紹介してくださったんですか」と責めたてます。

私は、彼女に私自身の体験を話しました。ずいぶん前のことですが、私はミズーリ州カンザス・シティのユニティー教会長のアーネスト・ウィンソン博士と白熱した議論を闘わせたことがあります。転生《てんせい》に関して意見が対立したのです。

しかし、博士と私は平生《へいぜい》は非常に仲のよい友人であり、転生に関するお互いの考え方の違いさえ、時には冗談の種にして笑い合うくらいです。

教育、環境汚染、国際問題など、人はさまざまな問題について異なる意見を持っています。それでも私たちは、そうした人と調和し、理解し合い、共存することができるのです。

私は彼女に、ちょっと考えてみるようにと助言しました。彼女の弁護士は相手側の弁護士と対立し、相手を論駁《ろうばく》する立場にあります。しかし、法律上の問題、あるいは現在闘っている案件については議論を闘わせても、感情的にも精神的にも成熟した人間である彼らは、互いの意見を尊重し、法廷での争いを乗り越えて、法律の仕事に携わる仲間として、和やかに笑い合いながら昼食をともにすることだってできるはずなのです。

いや、そうしたことができるような弁護士だからこそ、たしかに信頼できるのです。つまり、二人が談笑していた事実こそ、彼らが精神性において、立派な人間であるという証拠にほかなりません。私は彼女にいいました。

「あなたの弁護士は、あなたを裏切っているわけではないし、敵方の弁護士の主張に同調しようとしているわけでもないのですよ。

心の中のわだかまりを捨てなさい。問題を正面から見据えるのです。無限の正義と調和の法則は、いま、あなたと関係者全員のために働いています」

彼女は私の言葉を真実だとわかってくれました。そして、正義の原理が自分のため、関係者全員のために機能しており、真理の秩序が必ずすべてを収めてくれるはずだと断固としていいきりました。

それから数週間後、彼女の弁護士は訴訟に勝利し、彼女は自由を手にしました。誤った訴えと偽りの宣誓供述に真実が勝ったのです。

第10章

自分が「生まれ変わる」ことを喜べ！

宇宙の全エネルギーが自分に向かって流れる

すでにあなたの中にある〝偉大な力〟は、この宇宙のすべてのものを豊かに与えてくれている。命そのものが贈り物である。〝無限の富〟を信じ期待すること。そうすれば最高のものが必ずあなたに訪れる。この単純な真理を実行すれば、砂漠のような人生も必ずバラのように花開く。

いつも「幸運を刈り取る」ための宇宙の法則

宇宙の法則はすべてが公平であり、均等化されている。したがって、今生《こんじょう》で富裕な環境に生まれついたならば、来世では必ず貧乏な家に生まれ落ちる。これが法則だと信じている人がいます。

たしかに、宇宙の法則はすべてが公平です。しかし、彼らはその法則を完全にはき違え、誤った判断をしています。彼らが問題にしているのは、もっぱら物質的な所有物、金銭、財産などについてでしかないようです。

「宇宙の法則はすべてが公平で均等である」という普遍的な法則は、きわめて公明正大に作用しています。すなわち、**「人は結局、自分のまいたものを刈り取る」**ことになるからです。

この法則はこの世ばかりではなく、生命の四次元においても作用しています。この法則について正しく理解するためには、霊的な英知、理解力が必要です。

生まれ落ちたときの不公平に見える環境も、転生の後はそれをくつがえすことができるという考えはあまりにも浅薄《せんぱく》です。

「環境、両親、財産、社会的権力、資力」といった外的な面は人生の本質ではないのです。

ある少年が、王者の風格を備え、豪華絢爛《けんらん》たる宮殿に生まれたからといって、それがどうしたというのでしょうか。

そうした宮殿に生まれるのはすばらしいと本気で考えているとしたら、あなたはただ誕生する外的環境のみに目を奪われているのであり、精神的、霊的存在である自分をかえっておとしめていることになります。

人が富むか貧しくなるかは、彼が自ら所有する、天からの賜物、天の配剤である潜在意識の力をいかに使うかによって決まるのです。

人は自らまくものを刈り取って生きていくのです。豊かさの種をまけば豊かな刈り入れを行い、その反対に貧しい種をまけば、収穫はこの上なく貧しいものになるだけです。

この上ない幸福な人生を送りたいなら、自分はこの上なく幸福だという信念を持ち、

その信念を潜在意識にまけばいいのです。

この世でも、あの世でも、この法則は不変です。

「望む自分」になるために、この心づもりが欠かせない!

何年か前、私はニューヨーク州の刑務所に、ある囚人を訪ねたことがあります。彼がそのときに何よりも望んでいたのは、自由の身になることでした。

この囚人は非常に頑固で皮肉屋でした。彼は、一般社会でやってはならない行為をした結果、刑務所へ叩き込まれたわけです。

実際、彼は嫌悪と憎しみ、妬《ねた》みなどにがんじがらめになり、いわば〝心理学的牢獄〟に自分自身を閉じ込めていたのです。

私は、彼に、実際に刑務所から出ることがあっても、そうした嫌悪と憎しみ、妬みなどから自分自身を解放しなければ、〝心理学的牢獄《ろうごく》〟は出獄後も彼につきまとうと話しました。つまり、彼が本当に自由の身になりたいならば、まず、精神状態を変えなければいけないのです。どうしたら精神状態を変えられるか。私はそれについてもくわしい指示を与えました。

やがて、彼は、それまで憎んでいた人たちのために祈りはじめました。

「彼らの心の中に本当の愛が湧き出ますように。そして、その彼らのすべてに成功と幸福と平和が与えられますように」

彼は、この祈りを一日に何回も繰り返しました。夜、就寝のベルが鳴ると、彼は、自分が家にいて、家族に囲まれている光景を思い浮かべました。彼は小さな娘を抱いています。

娘は、「お帰りなさい、パパ」とささやきます。そのかわいい声が実際に彼の耳元で響くのが聞こえるように感じました。これらのすべてを、彼は想像の中でやったのです。

この想像があまりにリアルで、自然で生き生きとしていたため、それはやがて彼の一部になったのです。自分は自由になれるという信念を潜在意識に溶け込ませきったのです。すると、興味深いことが起こりました。

彼は、それまでのように、自分が自由の身になりたいと必死に祈る気がしなくなってしまったのです。刑務所の外に出て、自由な空気を吸いたいと思っていた彼の欲求は、心の底に沈んでしまったのです。

それでも彼はこの上なく平和で、この上なく日常に満足していました。

依然として、彼は牢獄の格子の中にあったのです。しかし、いまや、彼はその中にありながら、自由を感じるようになってきました。彼は、刑務所の、きわめて制限された環境さえ気にならなくなってきたのです。いまの彼は、釈放されたいと祈らなければならないという問題意識がなくなりました。

何週間か後、彼は出獄しました。彼がそれまでとはまったく変わり、穏やかで、平穏な人柄になったことから、彼の友人が立ち上がり、彼に有利な証拠を集め、赦免《しゃめん》を願い出たのです。

刑務所の中での彼の態度も大きく変わったため、裁判所もこれを認め、彼は正規の手続きを経て釈放されました。

出獄後も、彼の態度は変わりませんでした。彼は、本当に生まれ変わったのです。そして新しい人間として、新しい人生の第一歩を踏み出しました。

水面下の、この「九〇パーセント」が絶大な力を持つ！

あなたの運命をつくるのは、あなた自身の考えと感情です。

「何であれ、祈りのとき、心の底から信じて求めるならば、それらは皆与えられるであろう」

聖書にもこんな言葉があります。これは、この宇宙の大原則、人が生きていく上での大法則なのです。

信じることとは、あるものを真実として受け入れることです。

つまり、あなたは顕在意識が本当だと決めたことを、潜在意識によって、心底、体験することです。そして、この潜在意識があなたの生活の大半をコントロールしているのです。

あなたの心は、九〇パーセントが水面下に没している氷山のようなものです。その九〇パーセントが潜在意識だともいえます。

そして、あなたの生活の九〇パーセントは、心の九〇パーセントを占める潜在意識の仮定、確信、条件づけなどが支配しているのです。あなたが潜在意識的に固く信じたことが、あなたの意識的な行為のすべてを支配し、操作しています。

したがって、毎日を幸福なものにしたいならば、潜在意識に次のように指示を与えることです。

「潜在意識には無限の英知が宿っており、その英知があらゆる面で私を導いています。潜在意識の正しい行為が、いつでも私を支配しています。潜在意識の無限の力は、あらゆる面で私を繁栄させようとしています」

この潜在意識の法則は絶対の真理であると信じ、主張し、感じ、理解してください。あなたが顕在意識でこれらの言葉を受け入れるならば、あなたの潜在意識はこれらの言葉の本質を現実のものに変えていきます。

あなたの行動はすべて時宜にかなったものとなり、あなたの行為のすべては神に祝福されたもののように、完璧で、欠けたところがないものになるでしょう。

お互いに相手を映す「鏡」になりなさい！

相手の姿を思い浮かべてみてください。その人は幸福と調和と喜びに満ちていますか？　そう見えなければ、あなたはまだその人を許しておらず、こだわりが残っています。しかし、その人を許すことができず、こだわりが残っている間は、あなたに幸福や喜びが訪れることはないのです。

誰を思い浮かべても、その人が満面の笑みを浮かべ、健康で、豊かで満たされている様子を思い描くことができるようになれば、あなたはすべての人に喜びと幸福を与える存在となったと確信してよいでしょう。

そして、このような確信を持てたとき初めて、あなたは自分自身が相手に対して描いたイメージどおりの、満面に笑みを浮かべた表情で日々を過ごすことができるようになるのです。

ほかに、もう一つ方法があります。あなたに対して悪意に満ちた行動や不正を行った人物の声を聞くのです。

その人はいま、あなたがいかにすばらしく、尊厳に満ちた人物で、正直で親切であるかを、あなたに向かって話しています。

その姿は現実なのだと信じてください。あなたにはその言葉を聞く必要があるのです。そのようなイメージを心の中にしっかりつくり上げてください。

頭に詰め込んだ知識を「潜在意識」に深く組み込むこと――これが宇宙エネルギーの爆発！

ある中年の女性から、自分は母親からいつも、「お前はばかだ、不器用だ、頭が悪い、苦労するために生まれてきたようなものだ」といわれどおしだった。それが、自分が結婚もできず、パッとしない人生を送っている原因だとめんめんと訴えられたことがあります。

彼女は、自分の人生がこんなふうになったのは、すべて母親のせいだと思っているようでした。

彼女の母親はすでにこの世から旅立っていましたが、彼女はいまだに母親を恨んでおり、母親の呪縛から自分を解き放つことができずにいました。

彼女はたしかに、母親からネガティブな思いを叩き込まれて育ったかもしれません。しかし、彼女は私の講演に通って以来、いまでは心の法則を理解し、潜在意識の力についてかなりの知識を習得したはずです。

私は彼女に、改めて、そのように人を責めてもどうなるものではないと指摘しました。あなたはたくさんのことを学びましたが、いまの段階ではその知識を頭に詰め込んだにすぎないのです。次の段階として、今度はその知識を心に植え込み、心の知識にしなければいけませんと話しました。

言葉を換えれば、生命の真理に関する理解は潜在意識に深く組み込まれなければ何の効果も発揮せず、それでは宝の持ちぐされでしかないのです。

そこで彼女は、日常的かつ徹底的に、積極的に思考パターンを入れ替え、自分が学んだとおりに、自分が本当はこう生きたいというイメージを潜在意識に満たすように努めました。

その結果、彼女の人生は一八〇度変わったのです。

心の原理は時間も空間も超越しています。彼女が永遠の真理で潜在意識をいっぱいに満たした瞬間、彼女の潜在意識はその真理に、まるで自動的にといいたいほど、即座に反応したのです。

まず、彼女は母親への恨みをなくし、心に抱いていた母親へのわだかまりをすべてなくしました。

相手を恨んでいるかぎり心の呪縛が解かれることはなく、相手を愛して初めて自分が自由になることができることを知っていたからです。

彼女はこう宣言しました。

「私は自分自身を完全に許します。心から母を許し、愛と平和を母に向けて放ちます。母はいま、私から離れ、母もまた、かぎりなく自由です」

母親のことが頭に浮かぶと、彼女は心を静かに整えて、こう祈って母を祝福し、「お母さん、私は心からあなたを愛しています」

と言葉に出していうようにしました。

許しは他の誰でもない、あなた自身を自由に解き放ちます。

いまでは彼女は本当に晴れやかな表情の女性に生まれ変わり、最近、心から愛する人ができたようです。

先日、ロサンゼルスのある有名精神科医が、こんなことをいっていました。

「私が患者さんにまず自覚してもらうのは、患者さん自身が、自分の行動、精神性の目覚め、成長を左右しているのだということです」

まさに、そのとおりです。

父親や母親や兄弟姉妹、あるいは、いま起こったことを、政府のせい、天候のせいにするような考え方はもうやめましょう。何かのせいにすることは、あなた自身が、他の人のネガティブな考え方に振り回され、悩まされることを許容していることなのです。

あなたの人生について影響を与えることができるのは、あなた自身だけなのです。他の人があなたについてどんな思いを抱いているか。それを決めているのも、あなた自身です。あなたが周囲のすべてを愛し、受け入れ、そのすべてに心からの愛を注げば、周囲のすべてはあなたを愛し、あなたに好感を持つようになります。

人生を決めるのは、他の人ではなく、あくまでも、あなた自身なのです。

この〝マインドコントロール〟力の前に敵はいない！

少し前のこと、私は姉の一人を誘って、アイルランドを訪れました。姉は英国の聖マリア修道院の修道女で、ラテン語とフランス語と数学を教えています。アイルランドでは、いとこの運転でいろいろ面白い場所に連れて行ってもらいました。

古い農村を訪ねたときのことです。いまは廃墟になっていますが、かつての学校の建物がそのまま残っていたりします。私たちは草木の生い茂った中をかき分け、昔のさまざまな建物を歩いて回りました。

数日後、いとこから電話がかかってきて、あのとき歩き回ったところは毒ウルシの茂みだったこと、私たちは素手でその枝をかき分けていたことを知らされました。

私たちはそれがウルシだとは知らず、手がかぶれることもなく、まったく何事も起こらず、平気だったのです。姉と私は、いまもその話をして、大いに笑うことがあります。

人間は地上の動物すべてを支配する力を与えられました。だから野生の馬やライオンや虎を手なずけることができるのです。人の顕在意識が、動物の主観的意識を支配するのです。地を這うものは、バクテリアも細菌も、動物も鳥も植物も、すべて人の支配化にあるのです。ですから、その支配力を発揮しましょう。ブタクサやスギ花粉に負けてはいけません。

同じことは善悪や良否、優れているか優れていないか。好きか嫌いか。すべての感情についてもいえます。こうした感情は、対象に対する私たち自身の心の動きです。もともとよいものや悪いものがあるのではなく、ただ私たちの思いが善悪をつくり出すだけです。

すべての感情の根源、源泉は自分の中にあるのです。自分以外のものに力を与えたり、それらが本来持っていない性質を感じたりするのはやめましょう。

自分が満ち足りており、喜びに満ちた気持ちでいれば、本来、毒を持っているものでさえ、あなたに害悪を与えることはないのです。

人も、ものも同じです。彼は敵だ。彼は私に悪意を抱いている。彼は私の妨げになる。彼は私の足を引っ張る……。こうした思いは、とりもなおさず、あなたが満ち足りた思いで満たされていない証拠でもあるのです。

あなたが心底、満ち足り、喜びにあふれた日々を送っていれば、あなたの周囲には一人としてイヤな人はいなくなり、嫌いなもの、苦手なものもなくなります。

マーフィー「心の法則」——自分が「生まれ変わる」ことを喜べ！

自分が生まれ変わることを恐れている人がいます。けっして現状に満足しているわけではないのに、いまのままで十分だといってみたり、別に現状に不満があるわけではないといってみたりする人などです。

こういう人は、現状に満足しているわけではなく、ただ変わることが怖いのです。

しかし、人はある意味では、絶えず変わるために生を与えられたといえます。潜在意識という無限の力の宝庫を内に備えて生まれついたのも、そのためです。

「あなたがたは、心を新たにすることによって変えられるのである」

著名な哲学者や宗教家たちは、よくこういいます。まさにそのとおり。**私たちは、心の持ちようで、どのようにも変わり、成長することができるのです。正しく成長するには、何度でも生まれ変わればいいのです。**

自分が変わることを恐れるのはばかげた考えであり、無限に広がる自分の人生の可能性を自ら封じてしまったのと同じことです。

自分は変わらなくてもいい、という考え方自体、あなたを呪縛する消極的な考え方です。

自分にはもっと可能性があるのだと信じ、とてつもないことのように思える希望、願望を高く掲げましょう。

あなたが変わる、その源泉は一つしかありません。あなたが願うものはすべて、人の心、すなわち、自分の心の内にある無限の力から生まれます。富も、貧困も、あなたが信じるままに実現されるのです。

誰でもこの世に生きていれば無限の力にふれ、答えを得ることができます。無限の力を信じ、明るい希望を持ち、幸せを確信して生きている人が真の人間だといえます。

一方、愛や喜び、無限の力の存在を信じることができず、自分の思いに応えてくれるものなどあるはずがないと思いながら生きている人は、けっして人生の成功に導かれることはありません。

古いヒンドゥーの格言に、次のようなものがあります。

「名前をつけたら見つけることはできない。見つけたら名前をつけることができない」

愛、平和、喜び、幸せ、霊感、導き、思いやり、同情、やさしさ、親切、啓示、笑い……。これらを「これはこういうものだ」と決めつけることができるでしょうか。

無限の力はこれと同じです。名前もなければ目に見える形もありませんが、でも、絶対に存在し、確実な結果をもたらします。

それを信じて、その力とあなたの心の波長をピタリと合わせれば、あなたが驚くほど変容するときが訪れます。

そのとき、すべてを解き放つのです。昨日までの自分とは違った、幸福で、満ち足りた、かぎりなく豊かな自分に生まれ変わるチャンスを逃がしてはなりません。

第11章

運が味方する「バランスのとれた一日」の生き方

「本当にしたいことをしている自分」を想像しよう。そうした想像の〝映画〟に夢中になれば、偉大なエネルギーは惜しみない〝幸運〟をあなたにもたらし、あらゆる願望は「最高の結果」となってあなた自身に跳ね返ってくる——。

こうすれば、運命は一〇〇パーセントあなたの支配下に！

あらかじめ運命で決まっていることなど何もありません。心に思うことがそのまま運命を織りなしていくだけで、心ですでに起こっていることも、まだ現実にはなっていないことが多いのです。

法則に基づいた祈りとは、次のような祈りです。

「宇宙の法則と秩序が私の人生を支配しています。私には、真理の正義が君臨しています。絶対的な愛が私の魂を満たしています。絶対的な平和が、私の心を満たしています。

いついかなるときも、真理の導きが進むべき道を示してくれます。私の進む道はいつも楽しく、いつも平和です」

このように真剣に祈り、心に祈りを浸透させれば、あなたの生きている世界、あなたの体、周囲の環境、経験などすべてが魔法のように、あなたのイメージやあなたが想像する光景に溶け込んでいきます。

こうした祈りを繰り返す。それが結果的に運命をつくっていくのです。あらかじめ定められた運命など、この世にはいっさいありません。


あなたの人生は一〇〇パーセント、完璧にあなた自身のものなのです。あなたが願い、祈り、そうしたいと希求したこと。それがあなたの運命にほかなりません。

実際、朝起きたら〝有名人〟への道を歩いていた！

ある若い男性の話です。彼はすばらしい容姿と声に恵まれており、ハリウッドスターになって、全世界に配給されるような映画に主演したいという希望を持っていました。しかし、どんなにがんばってもチャンスを得ることができません。

彼はしゃかりきになり、いつも焦りと不安にさいなまれていました。それがかえって彼の幸運を閉ざしていたのです。

私の勧めで、彼は毎晩寝る前に、全身の力を抜き、目を閉じて、心の中で自分にこういい聞かせる習慣をつけました。

「足首が楽になった、つま先が楽になった、ふくらはぎが楽になった、両足が楽になった、腹筋が楽になった、心臓と肺が楽になった、背骨が楽になった、首が楽になった、顔が楽になった。全身が完全にくつろいでいて、安らかだ」

体が必ず自分の言葉に従うことを確信しながら、彼はこれを四、五回繰り返しました。その後、彼から届いた手紙には、こう書いてありました。

「とても眠くて、すでに夢を見ているように安らかな心地になり、何の抵抗も感じなくなりました。時計のチクタクいう音や赤ちゃんの寝息まで聞こえるのですが、動きたくもないし、何もしたくないのです。その状態のときに私はこう強く念じました。『私はいま、ハリウッドで演技している。最高の気分だ！』

こういうとき、『ハリウッド』という一言にすべての力を凝縮しました。潜在意識にはそれだけで十分伝わることがわかっていたからです。『ハリウッド』という言葉を何度も繰り返しているうちに、気がつくと私は寝入ってしまいました。

その翌朝です。エージェントから電話があり、前にオーディションを受けていた映ければ」と思っていたら、すぐに「決まりました」と連絡がきて、その後は大きなショーへの出演やスポットライトを浴びる映画の出演が決まったと知らせてきました。願いは聞き届けられたのです」

自分がこうありたいという願いを潜在意識に送り届けるには、まず、自分をかぎりなく抵抗のない状態に導くことが大事なのです。

彼の願望があまりにも早く聞き届けられたのは、まさにこの点が満たされていたからです。

これまで数多くの人から、夢で見たことが実際に起こるのは物事が最初から起こるべく定められているという証拠ではないか、といわれました。

精神の次の次元では、思いと出来事は一つですから、たしかに予知夢を見ることもあるかもしれません。だからといって、それが必ず起こるように定められているということはけっしてありません。

永遠の真理に思いをこらし、潜在意識を積極的な思考パターンで満たせば、新しい始まりが新しい終わりになります。あなたの未来は、精神の変容と調和して形づくられるのです。**自分自身に対する考えが変われば、この世のすべてのものとの関わり方が変わってきます。**

このページに書かれた言葉を抜き出して、好きなように並べて文章をつくってみてください。同じ言葉を使っても、まったく別の文章がいくつもつくれるはずです。**言葉はあなたがつくったものではありません。しかしその使い方を変えるだけで、結果を変えることができるのです。**

あなたが自分に関して、あるいは人生、真理、宇宙に関して、これは絶対に真実だと確信していることが、あなたの人生に起こることを決定します。あなたが三次元世界で経験することや出会いは、つねに精神の別の次元に存在していたのです。

〝バランスのとれた一日〟の生き方

極端に走ると、必ず反動がくることは、誰でも経験したことがあるでしょう。何であれ、極端に偏ると、その次に激しい反動がきて反対方向の極端に揺り戻されます。

人生も同じです。できるだけバランスのとれた人生を送りましょう。クリエイティブで、平和で、調和と喜びに満ち、目的を成就できる人生を送らなければいけません。

日ごろから精神性の電池を充電しておくように努め、つねに平衡《へいこう》を保つように努めていれば、病気も悲しみも人生のさまざまな悲劇も、あなたを激しく悩ませることはなくなるはずです。

自分の精神状態がバランスを失って、フラフラと不安定な状態にあったりエネルギーが乏しくなっていると、病気や人生の悲劇が極端なほど激しく襲いかかるものです。バランス感覚に優れた人であれば、人生の激しい変化に翻弄《ほんろう》されることもなくなります。

暗いニュースや不幸な予言などを考えなしに取り込むと、ネガティブな思考があなたの潜在意識に入り込み、あなたを否定的な方向へ、破壊的な方向へと導くようになります。

そうしたニュースに出会ったときほど、心の平衡を保つように努めることです。バランス感覚とは、最高、最善の視点に立って真理を瞑想することを意味します。こうした心の状態で祈れば、あなたは自分が瞑想したとおりの人間になれるのです。

「思考のブーメラン効果」にはくれぐれも注意すること

あなたの潜在意識は、顕在意識が確信していることのすべてに反応します。ですから、自分が願う言葉は、一言、一言、心の底から信じていなければなりません。信じたいと望むだけでは不十分です。

最近、私が相談を受けたある女性は、こんなことをいっていました。
「私はいつも断言しつづけています。自分はこの宇宙でただ一つの存在であり、力であり、原因であり、実体であると」

ある女性は、他の女性から身に覚えのないことで恨みを買ってしまい、さまざまな形で攻撃されたことで、内心ひどくおびえていました。私は彼女に、「恨みを向けてきた女性を許し、愛し、その女性が幸せになるよう心の底から祈りましょう」と伝えました。彼女もそう努めたのですが、彼女の内なるおびえは相当なもので、祈りの言葉は上すべりし、どうしても完全に相手の女性を許しきれなかったのです。どこかに自分の言葉を信用しきれないとまどい、迷いがにじんでいました。これでは完全な救いは与えられません。

私は彼女に、他人がどんな暗示をかけてこようが、彼女たちにはその暗示を現実にする力はないこと、そして反対に、彼女自身にはその否定的な暗示をきっぱり退けられる力があることを説きました。

実際、彼女は相手の言葉におびえ、そのことで自分に備わった無限の力を相手の女性に譲り渡してしまう結果になっていました。まるで、相手が自分を傷つける力を持った悪魔であるかのように扱っていたのです。

しかし、彼女は自分が他人に向けて憎悪や悪意、恨みや敵意を与えないかぎり、自分がそうしたものを受け取ることもないことを理解しました。

誰かがあなたに否定的な感情を向けたり、あなたに攻撃的な言葉を向けて不幸になるような暗示をかけても、あなたには指一本ふれることもできません。反対に、不幸な暗示をかけた人のほうが、自分が送った悪を倍の強さで受け取ってしまうことになるのです。

これは心の法則の一つで、思考のブーメラン効果といいます。

自ら「念じたとおりの人」になる一番簡単な方法

もし、あなたが子供を持つ親、もしくは教師ならば、子供たちの潜在意識を建設的な方向にプログラムしてください。物事を成し遂げるのは平静な心です。ガンなどの病気、貧困、犯罪を撲滅しようと声高《こわだか》に叫ぶ人々は、そうした行動を通じて、心の中で問題を拡大し、潜在意識に否定的な考えを刻み込んでいるのと同じです。

あなたが病気のことで頭を悩ませる必要はありません。病気のことを考えるよりも健康や豊かな生活を考えるようにしたほうがいいのです。

ガン撲滅運動をするよりも、健康増進の運動を繰り広げましょう。思うこと、行うことはつねにポジティブなイメージを持つものにします。ガン撲滅運動に夢中になるあまり、自分がガンになってしまった人は数えきれないほどいます。しょっちゅうガンのことが念頭から離れないために、結果的に自らがガンになってしまったのです。

また、決断を下すときは、必ず潜在意識の理性、英知に照らして下すようにしましょう。行動の根底にあるものを理解し、心を平静に保ちましょう。

あなたは自ら念じたとおりの人間になるのです。

自ら思ったとおりの人間になる――それはつまり、愛を思えば愛にあふれた人になり、憎しみに凝り固まっていれば憎しみの権化《ごんげ》にしかなれないということです。

不幸も悲嘆も病気も、すべて過ぎ去ってしまうものです。すぐに幸せが悲しみにとって代わり、涙は喜びの前に消え失せます。

嵐の後には必ず平穏が訪れます。落ち込んだとき、悲しいときには、ただ解決策、打開策のみを考えるのではなく、必ず最高に、これ以上考えられないほどうまくいくと信じること。

やがて、潜在意識の無限の力が問題の核心に向かってあふれ出し、あなたの願いは喜びのうちにかなえられます。

創造の決定的瞬間
――「何かが自分から出ていく」この実感を大切に！

少し前のことになりますが、アイルランドのコーク市を訪れた際、親戚の女性が声を出せなくなっていることを知りました。医者にも原因がわからず、精神的なものだと考えられていました。

私は彼女に、人は自分が望んだ状態になるのだと説明しました。そこで彼女は、一日数回、静かに座って、自分が聴衆の前ですばらしい歌声を披露しているところを想像することにしました。

彼女は心の目で、自分に喝采を送る聴衆の姿を見ました。その光景は少しずつ現実感を増し、彼女の心は不思議な感動に満たされていきました。こうして三日目の夜、突然、何かが彼女の中から抜け出しました。

彼女は声を取り戻しました。彼女の瞑想は大変うまくいき、もう瞑想をつづける必要がなくなりました。祈りがうまくいくと、完璧なセックスを終えたときと同じようにかぎりなく満たされた気分になります。心から満足を覚え、欲求そのものが消えてしまいます。

まだ渇望が残っていたら、それはあなたの願いが潜在意識に十分浸透していないということです。

いい換えれば、自分がなりたいと思う自分になっているという実感を、まだ得られていないということなのです。

祈りに答えが与えられると、あなたの中で何かがしぼむのがはっきり感じられます。物理的に小さくなるのではなく、主観的にそういう感覚が得られるのです。その瞬間、もはや瞑想する必要を感じなくなります。祈りが成功し、自分がなりたかった自分になれたと感じ、心から満足したとき、あなたの体と心から何かが出て行きます。それが、あなたが何かを創造したことの証です。

エネルギーの一番頭のいい使い方
――シンプルに考え、シンプルに動け

問題解決をもたらす潜在意識の力は、しばしば第一エネルギーと呼ばれることがあります。エネルギーとは、宇宙に満ちている、神秘的な力を科学的に表した言葉です。

そのエネルギーをどう使うか。それは私たち一人ひとりにゆだねられています。

たとえば、人は知的エネルギーを使って研究したり、じっくり考えたり、肉体的エネルギーを使って歩いたりします。感情的エネルギーを使って激高したり、恨んだり、イライラしたり、怒ったりします。

このエネルギーをネガティブに、マイナス方向に向けるのは、あなたの生体組織や組織体をむしばむ破壊的な使い方です。

まして、このエネルギーを使って人を殺したり傷つけたりするのは、核兵器のように絶望的なまでに破壊的な使い方です。

たとえば電気を考えてみてください。電気は力です。家に明かりを灯したり、イル

ミネーションを飾ったり、換気扇を回したりします。原動エネルギーは、電気ヒーターをつけて家を暖めたり、ラジオをつけて声や音楽を聞かせてくれます。光、熱、原動力――エネルギー――にはいろいろなものがあります。

方向性をよく考えて宇宙的エネルギーを使い、自分自身を向上させ、精神的に満たされましょう。

しかし、電気も使い方によっては、感電により人を死に至らしめたり、漏電で火事になったりします。

四六時中飲んだり食べたりして過ごしている人は、体にそのツケが回ってきます。ウイスキーや性的快感のことで頭がいっぱいの人は、自分を破壊しているのと同じです。精神性が曇ってしまっています。すぐにカッとなる人は、健康をむしばまれ、早死にする可能性が大きくなります。

私は、その人を一目見れば、どんな精神性の持ち主か、すぐにわかります。すべての人はすばらしく、尊敬すべき存在ですが、何に主たる関心を向けて暮らしているかが、自ずと表れるのです。

会社員であるか、弁護士であるか、医師であるかというような違いではなく、自分を信じてポジティブに生きているか、何かにおびえ、恐れ、恨み、妬む……といったネガティブな感情に振り回されて生きているか。それがたちまちわかるのです。

人が生来持っている基本的性質は、ごく単純なものです。誤った考えは複雑で混乱しており、理解するのに苦労します。よい考えはシンプルで純粋で、実にわかりやすいのです。

何か問題が起きたら、自分の中には無限の力を持つ潜在意識が潜んでいることを思いましょう。

そして、潜在意識にすべてをゆだね、解決策をじっくり考えるのです。焦ってはいけません。答えは、潜在意識が導く真理の秩序に従って与えられます。

あなたの顕在意識は、ちょうどブリッジに立っている船長と同じです。船長は機関室の機関士たちに指示を出します。自分で船を操舵することはなく、ただ指令を出すだけです。

船長が間違った指令を出せば、船は氷山に激突してしまうかもしれません。減速前進、減速後進——船は船長の指令どおりに動きます。

同じように、あなたはつねに潜在意識に対して指令を出しつづけています。あなたの命令が普遍の原理と永遠の真理に基づいていなければ、人生に混乱が起こってしまうのも当然です。

心をまっすぐに永遠の真理に向けたとき、あなたは知恵、真理、美、喜び、善意などの、甘美で耳に心地よく響くポジティブな言葉で話しはじめているはずです。

あなたの口からポジティブな言葉しかもれてこなくなったとき、あなたの内なるエネルギーはすべてポジティブに働き出し、最高の結果を出してくれるのです。

（了）

GREAT BIBLE TRUTHS
FOR HUMAN PROBLEMS

by Joseph Murphy

本書は小社より刊行した単行本を再編集したものです。

マーフィー　欲望《よくぼう》が100%かなう一番《いちばん》の方法《ほうほう》

著　者――ジョセフ・マーフィー
訳　――マーフィー“無限の力”研究会
（まーふぃー“むげんのちから”けんきゅうかい）

発行者――押鐘太陽

発行所――株式会社三笠書房
〒102-0072 東京都千代田区飯田橋3-3-1
電話：(03)5226-5734（営業部）
：(03)5226-5731（編集部）
http://www.mikasashobo.co.jp

印　刷――誠宏印刷

製　本――若林製本工場

編集責任者　本田裕子
ISBN978-4-8379-5792-8 C0030

T30302